France

carnet d'adresses, de notes et d'activités
du voyageur français

Zoé de Las Cases

LA MAISON
hachette

Après les carnets de voyage de Paris et Londres, j'ai eu envie d'imagin le tour de France de mes rêves, de partager mes adresses régionales préférées et de partir à la découverte de nouveaux territoires. Les cho à faire ont été déchirants et la tâche compliquée... Je tiens ici à m'excuser pour toutes les adresses qui ne figurent pas dans ce livre. Chaque région de France regorge de trésors et de talents, toutes son si belles qu'elles méritent un voyage en soi.

Ce livre est un complément à un bon guide traditionnel car je n'ai pas répertorié ici les multitudes d'églises, de monuments, d musées et autres sites naturels ou architecturaux incontournables qui font la richesse, la diversité et la beauté de notre pays.

Mais la France, c'est aussi l'initiative de ses habitants, hôteliers, restaurateurs, agriculteurs, commerçants, brasseurs, artisans, maraîchers... C'est souvent à travers eux que l'on découvre le mieux une région, parce qu'ils sont, soit des enfants du pays, soit des gens qui sont tombés tellement amoureux d'un petit coin de France qu'ils s'y sont installés. Ils sont donc les meilleurs ambassadeurs, les meilleurs guides et passeurs d'histoire de leur territoire, puisqu'ils en ont la passion.

Nous avons réuni ici plus de 500 adresses à travers toute la France, des lieux charmants, insolites, incontournables, authentiques, personnels, imaginés par des gens de talent. Pour ma part, je peux faire des kilomètres pour aller les rencontrer ! J'espère que ce livre vous inspirera pour de nouveaux voyages à travers la France ou vous donnera l'envie de faire un petit détour lors de vos trajets ou déplacements habituels...

ce carnet appartient à

. . . .

le matériel dont tu as besoin :

Sommaire

PETIT LEXIQUE auvergnat

Relie les MOTS à la bonne définition

* Pignoufle
* Pochon
* Brave
* Fenestron
* Craque
* Douille
* Pétoche
* Coucouner
* Buffadou
* Pompette
* Grolle
* Frisquet
* Gnac
* Feignas
* Pénou
* Poutou
* Canaillou
* Bader
* Plier

* Idiot
* Amende
* Petit pied (Pénou)
* Fripon
* Être bouche-bée, être dans les nuages, rester sans rien faire
* Morsure (de l'occitan "nhac")
* Fainéant
* Mensonge
* Petit sac
* Ivre (de l'occitan "pompor" = s'imprégner d'un liquide)
* Bâton percé en longueur pour attiser le feu
* Cajoler, dorloter
* Petite fenêtre
* Frais
* Vieille chaussure
* Peur
* Emballer, empâqueter "Je peux plier vos poires"
* Baiser affectueux
* Personne craintive, timide

AUVERGNE, RHÔNE-ALPES

Promenade à Lyon

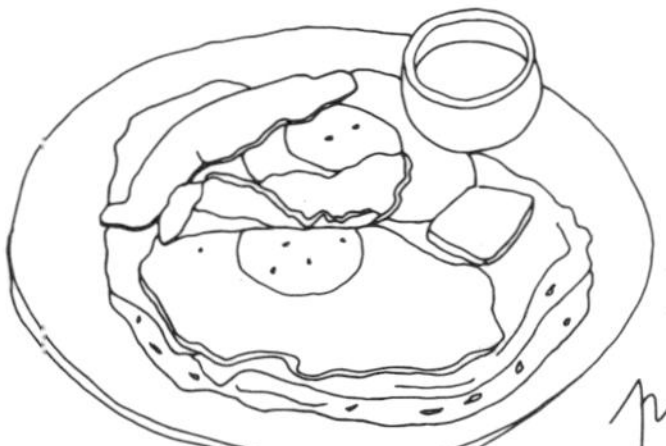

Le Desjeuneur

3 RUE DES PIERRES PLANTÉES,
69 001 LYON

L'endroit parfait pour les amoureux du brunch : (il est servi en continu de 10H à 16H) ainsi que des délicieuses soupes, pâtisseries ou autres croques-monsieurs !

Le Jardin des Curiosités

Installez-vous sur les chaises à votre disposition pour admirer le panorama.

---

8 PLACE DE L'ABBÉ LARUE, 69 005 LYON

Pistache

Restaurant-bar sur les quais du Rhône où il fait bon s'installer en terrasse pour siroter son cocktail.

8 QUAI CLAUDE-BERNARD, 69 007 LYON

Florence Bouvier

54 RUE AUGUSTE COMTE,
69002 LYON

Déco chinée et objets anciens.

Food Traboule

22 RUE DU BOEUF, 69005 LYON

Food Court à la Tour Rose, lieu de vie, aventure humaine et culinaire qui rassemble la diversité de la gastronomie lyonnaise. Chacun commande ce qu'il veut et s'installe dans les espaces amenagés où on pourrait rester des heures !

PROMENADE sur la COLLINE et les PENTES de la Croix Rousse

...

Le Cochon qui boit

23 RUE ROYALE, 69001 LYON

Resto gastro où le menu du midi à 20€ est le compromis idéal pour bien manger à des prix raisonnables. Graaand choix de vins et autres bières pour accompagner le repas.

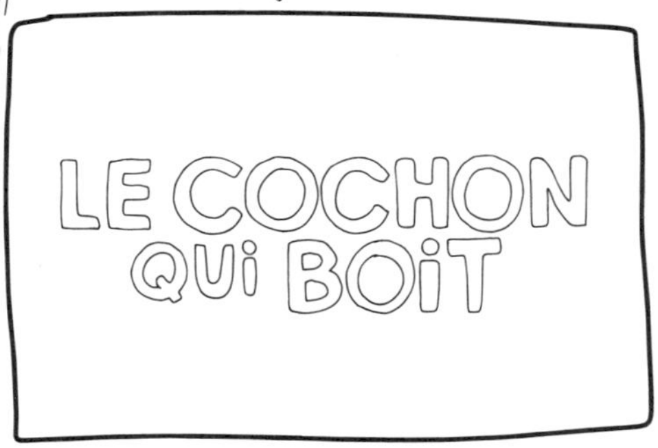

Le Dada Shop

Concept store et lieu d'inspiration où tous les objets sont choisis avec soin et ont une histoire que les propriétaires vous raconteront avec plaisir.

13 RUE DU GRIFFON, 69001 LYON

gourde

VASES

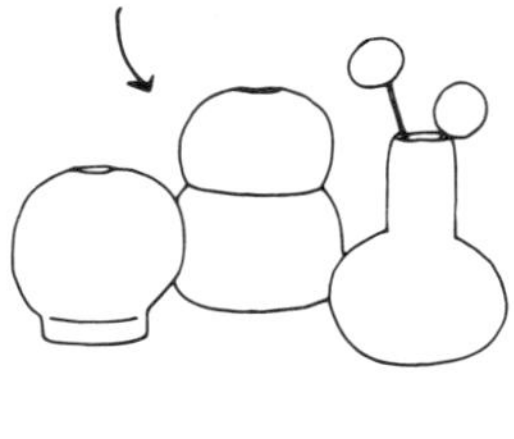

LUNETTES de SOLEIL

MOUTON-savon

By Hyggelig

13 RUE AUGUSTE COMTE, 69002 LYON

Déco contemporaine aux inspirations nordiques.

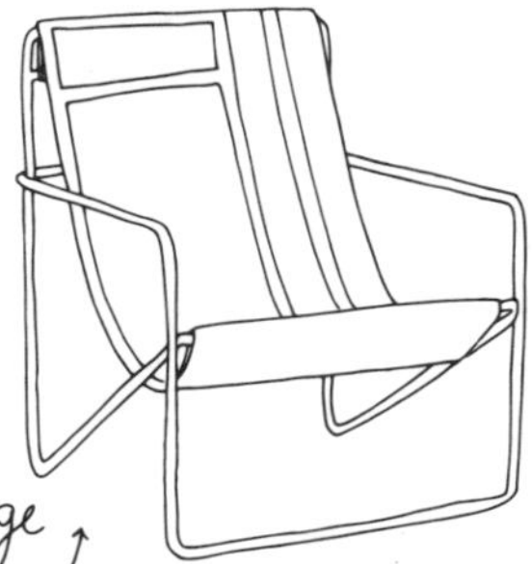

Lounge Chair

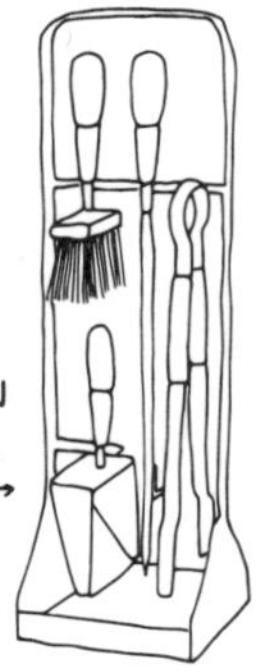

COMPANION SET EMMA

PLAID

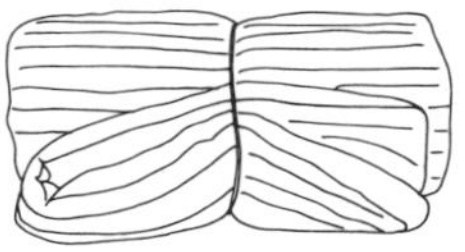

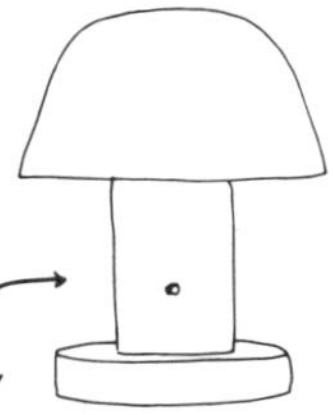

Lampe

LIQUIDE VAISSELLE

verres

CHAISE

L'Estanco du Marché

4 RUE PIERRE CORNEILLE, 69006 LYON

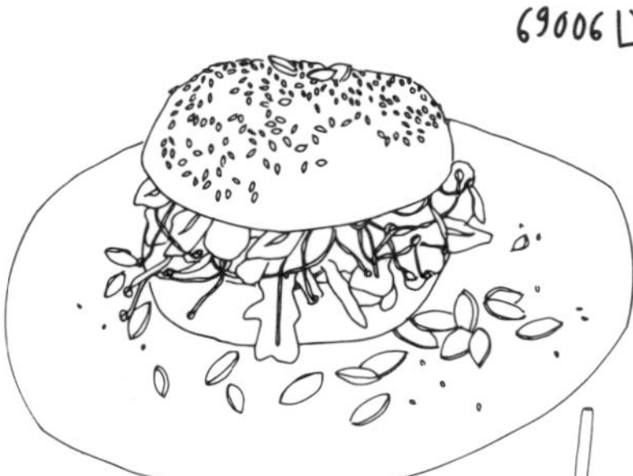

BAGEL au CHARBON ACTIF

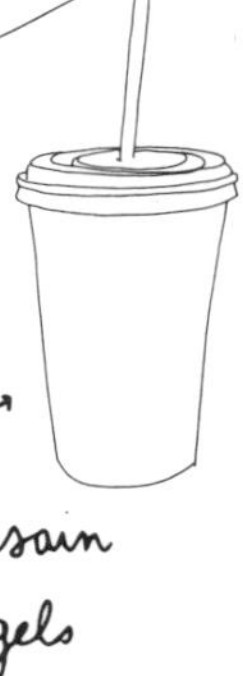

jus

Parfait pour un dej sain et gourmand, les bagels et soupes changent régulièrement et sont toujours excellents.

FAIRE UN TOUR AU

Parc des Hauteurs

ESPLANADE DE FOURVIÈRE, 69005

POUR SE PROMENER EN FORÊT EN PLEINE VILLE ...

Pralus

27 RUE SAINT-JEAN,
69005 LYON

Achetez une brioche à la praline, incontournable, et dégustez-la en vous promenant dans les ruelles du Vieux-Lyon et ses traboules.

Les Muses

Allez boire un verre sur le toit de l'Opéra de Lyon avec vue sur tout le centre-ville.

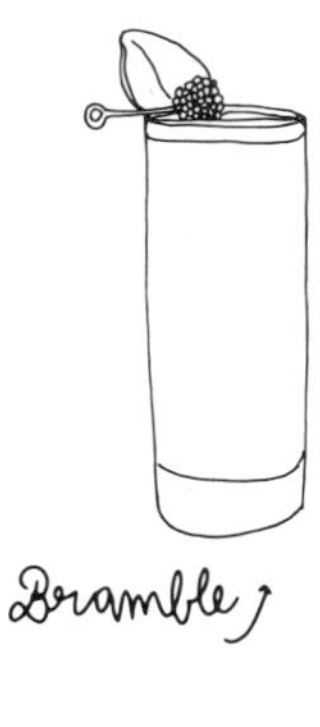

1 PLACE
DE LA COMÉDIE,
69001 LYON

Culina Hortus

38 RUE
DE L'ARBRE SEC,
69001 LYON

Resto végétarien où le déjeuner gastronomique en 5 services est à 30€.

UNE JOURNÉE AU

Parc de la Tête d'Or

69006 Lyon

Les ACTIVITÉS :

Cochez celles que vous avez faites

- ☐ Se promener dans le parc
  - ☐ à pied ☐ à vélo ☐ en "Balad'Or"
- ☐ Faire un tour de manège dans Le Petit Carrousel
- ☐ Pique-niquer à l'ombre des grands arbres
- ☐ Aller voir les animaux du zoo
- ☐ Louer une barque ou un pédalo pour faire un tour sur le lac

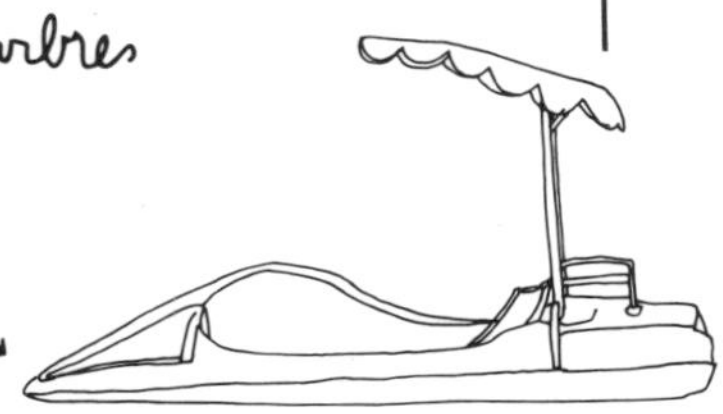

- ☐ Se rendre sur l'île de la Tête d'Or
- ☐ Faire un tour de petit train : Le Lézard du Parc
- ☐ Se balader dans les serres du jardin botanique et la Roseraie
- ☐ Monter à cheval
- ☐ Faire du quad à pédales

...

Brasserie Georges

30 COURS DE VERDUN PERRACHE, 69002 LYON

Tête de veau

CHOUCROUTE Georges

Un classique mais incontournable de la ville

BURGER

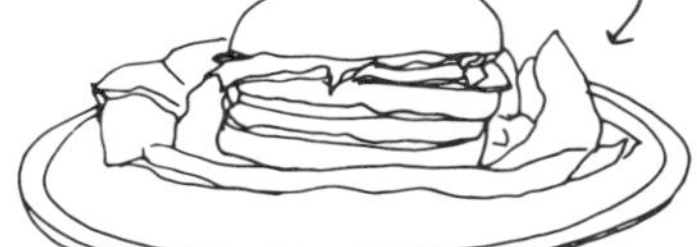

a Cantina

COMPTOIR CORSE

4 RUE GIUSEPPE VERDI, 69001 LYON

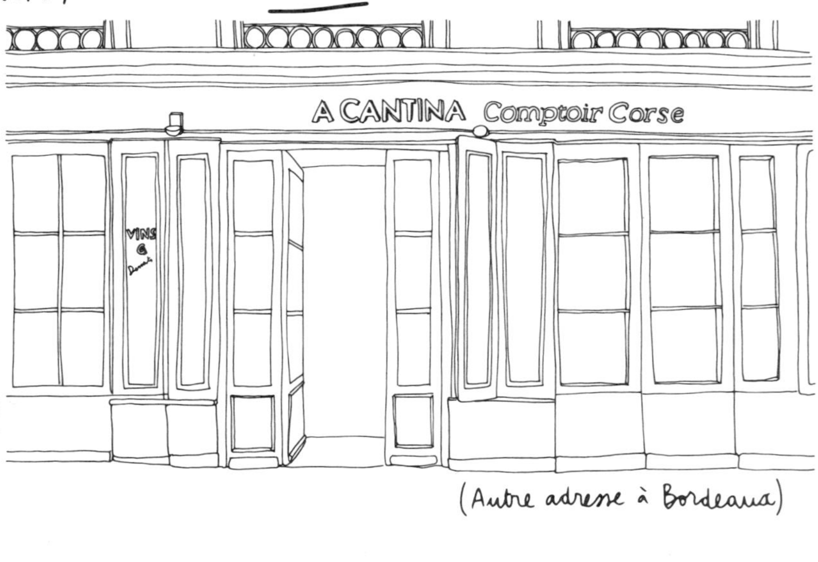

Bar à vins, restaurant et tapas corses, et en prime, brunch de folie !

(Autre adresse à Bordeaux)

L'Ouest

Paul Bocuse

Brasserie chic du renommé chef lyonnais, avec vue sur la Saône

1 QUAI DU COMMERCE, 69009

COQUILLES SAINT-JACQUES

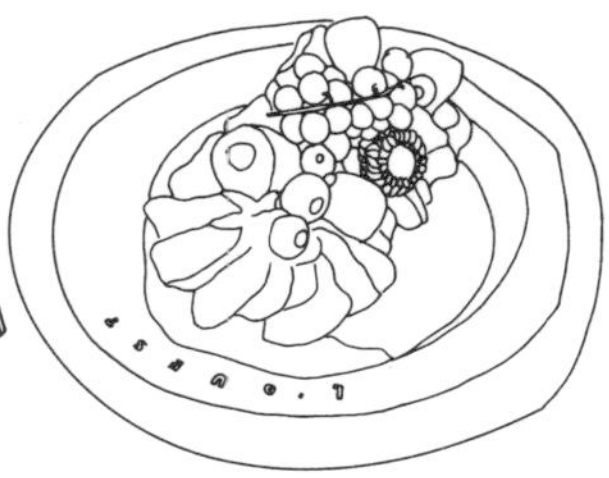

Dessert aux fruits rouges

Lyon Country House

3 MONTÉE DU VERNAY, 69300 CALUIRE ET CUIRE

Cabanes perchées et chambres d'hôtes au milieu de la forêt

Monastère royal de Brou

63 BOULEVARD DE BROU,
01000 BOURG-EN-BRESSE

Le monastère est un véritable chef-d'œuvre de l'art gothique flamboyant flamand du début du XVIe siècle. Il est constitué de bâtiments monastiques qui s'articulent autour d'une église et de trois cloîtres. Un petit bijou !

Le Village des brocanteurs

180 ROUTE DE CRÉMIEU
38230 TIGNIEU-JAMEYZIEU

Une vingtaine de containers sont mis à disposition de chineurs et brocanteurs afin qu'ils présentent et vendent leurs trouvailles et trésors.

La Drôme provençale

ET SES

VILLAGES SUSPENDUS...

POËT-LAVAL, FAUCON, LES PILLES, PIERRELONGUE, NYONS, DIEULEFIT, GRIGNAN, ROUSSET-LES-VIGNES, MARSANNE, BUIS-LES-BARONNIES...

autant de petites villes et villages en pierre, très souvent fortifiés et perchés en hauteur, qui offrent des points de vue splendides sur la vallée et qui se découvrent au fil de balades dans les rues escarpées. Ouvrez l'œil et faites une pause gourmande en goûtant du nougat, spécialité de la région.

nougat à la coupe

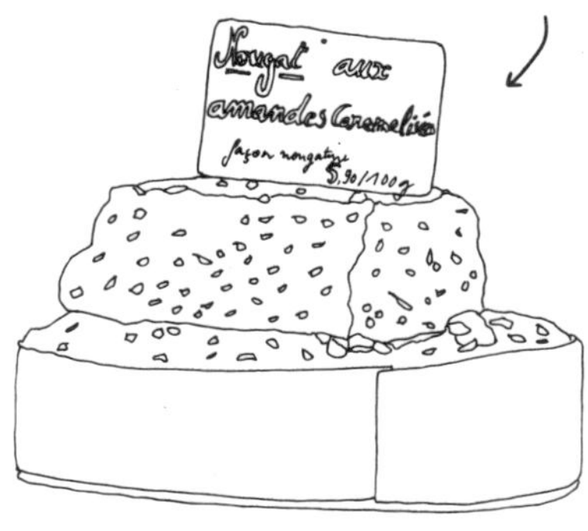

Attention, TRÈS TRÈS BON !

Ramasse un BRIN de LAVANDE et scotche-le ici !

GRIGNAN, le village en contrebas et le CHÂTEAU qui domine et offre une superbe vue sur la VALLÉE du RHÔNE

Ronjat

boulangerie

42 RUE PASTEUR,
26260 ST-DONAT-SUR-L'HERBASSE

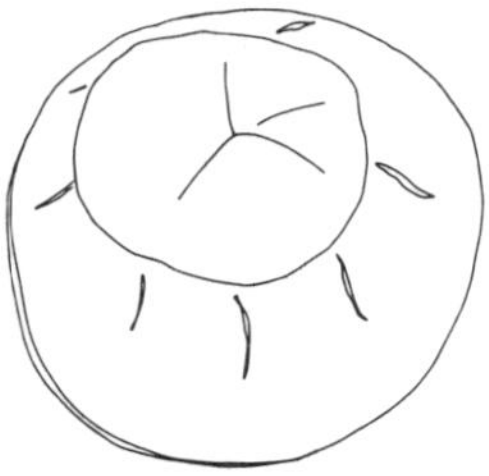

pogne nature

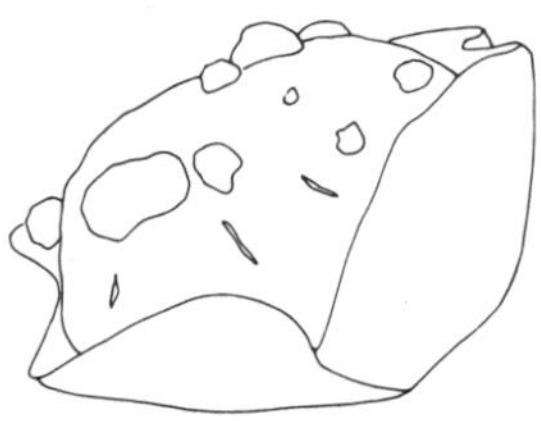

pogne aux pralines

André

Histoires de cuisine,
par Anne-Sophie Pic

285 AVENUE VICTOR HUGO,
26000 VALENCE

Fraises et fleurs

CAROTTE à la FLEUR d'ORANGER

PÊCHE de VIGNE marinée et DASHI de LANGOUSTINE infusé au MIEL

Concombre au caviar

L'AGNEAU et les BERLINGOTS

Balade à Annecy

Se promener dans la VIEILLE VILLE,
admirer les canaux,
faire un STOP à la boulangerie ROUGE
pour acheter un gâteau de Savoie,

puis chez

Brumes,

coffee shop tout doux
où vous pourrez boire le meilleur
CHAÏ-LATTE de la ville.

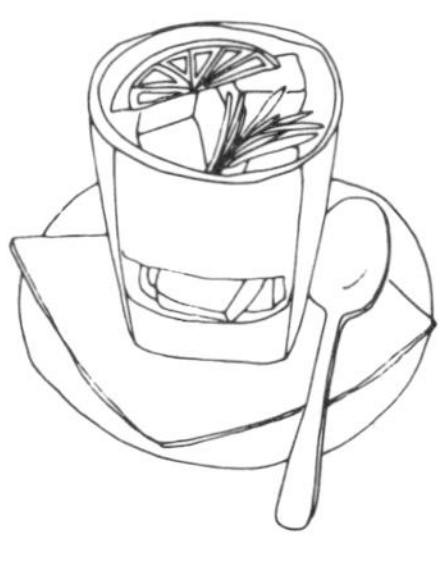

Réservez pour le DÉJ à l'épicerie-cave-table

Kamouraska, pour un déjeuner bio et local.

Son petit-frère, LA Piscine, est aussi excellent, dans une ambiance + CANTINE.

Pour le goûter, prenez une glace au GLACIER des ALPES dans la vieille ville

16 RUE PERRIÈRE,
74000 ANNECY

et enfin pour le DÎNER, faites-vous une soirée Vin-fromage à LA CAVE

PASSAGE DES ÉCHOPPES,
8 RUE DU PÂQUIER,
74000 ANNECY

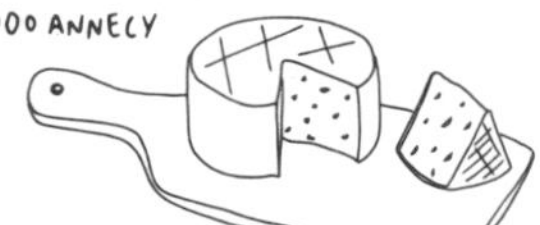

ou mangez sur le lac au

Petit Paradis.

110 PLAGE D'ANGON,
74290 TALLOIRES-MONTMIN

...

Le Galopin

TABLE × COPAINS

3 QUAI DES CORDELIERS,
74 000 ANNECY

Pack APÉRO

À partager au bord du lac, dans la vieille ville, sur un pédalo ou dans les montagnes environnantes

Rillettes de GRONDIN, sureau, citron

houmous POIS CASSÉS, MENTHE

Petites olives de Zakros

TARTE RUSTIQUE carottes, ail, persil

Chèvre frais + confiture de cerise

Colle la carte de visite !

GALOPIN
TABLE × COPAINS

GRESSINS maison

À COMMANDER LA VEILLE POUR LE LENDEMAIN.

Le Poulailler,

restaurant nomade

Déjeuners et dîners itinérants en pleine nature, dans un jardin potager, au milieu d'un champ ou encore sur les hauteurs d'Annecy. Le mercredi soir ou le dimanche midi, découvrez 4 plats salés généreux à partager et 1 dessert. Les lieux et menus varient en fonction des saisons et des partenaires mais la convivialité, la qualité et le dépaysement sont toujours de mise.

ANNECY ET ENVIRONS,
VOIR LE SITE

Le Bois Basalte

VILLAGE DE SAUTERRE,
63410 MANZAT

CHAMBRES d'HÔTES,
logements insolites
en Rhône-Alpes
pour avoir des étoiles plein les yeux
et des souvenirs plein le cœur

Cabanes au milieu de la forêt avec un panier petit-dej déposé devant votre porte le matin. Vous pouvez aussi emporter un panier pique-nique pour partir en vadrouille. Un espace commun "Le Concasseur", perché au milieu des arbres et offrant une vue magnifique sur les montagnes

Auberge de Chassignolles

LE BOURG,
43440 CHASSIGNOLLES

Ambiance maison de famille avec des assiettes de brocante, de beaux meubles chinés et des fleurs des champs sur les tables. L'endroit rêvé pour faire une halte au calme, le chef du restaurant est dingue, le petit dej est parfait et les hôtes sont adorables

La Grande Maison

chambre et table d'hôtes

78 CHEMIN DES GARDONS,
26120 MONTMEYRAN

Chambre et table d'hôtes dans une bâtisse du 19e siècle entourée d'un immense parc jouissant d'une vue imprenable sur le Vercors. L'endroit parfait pour se ressourcer au bord de la piscine, profiter de l'excellente table d'hôtes ou encore se reposer dans les très belles chambres de la maison

Le 35 Mai

15 RUE DES BOURGADES, 07140 LES VANS

Maison d'Hôtes

Maison d'Hôtes de charme située en Ardèche méridionale, dans le cœur du centre historique des Vans. 5 chambres parfaitement décorées et tellement cocoon sont à réserver de toute urgence pour profiter de la sérénité et de la beaute du lieu.

Le Creux de l'Enfer

centre d'art contemporain

85 AVENUE JOSEPH CLAUSSAT, 63300 THIERS

Ce lieu est devenu depuis 30 ans une fabrique destinée aux artistes français et internationaux, un véritable laboratoire de création proposant des expériences inédites aux acteurs du territoire par le biais de résidences et de partenariats entre acteurs locaux et artistes invités.

alta terra

MAISON D'HÔTES

Un paradis vert, écolo et convivial dans un environnement naturel exceptionnel imaginé par des passionnés.

PRADEL, 15300 LAVIGERIE

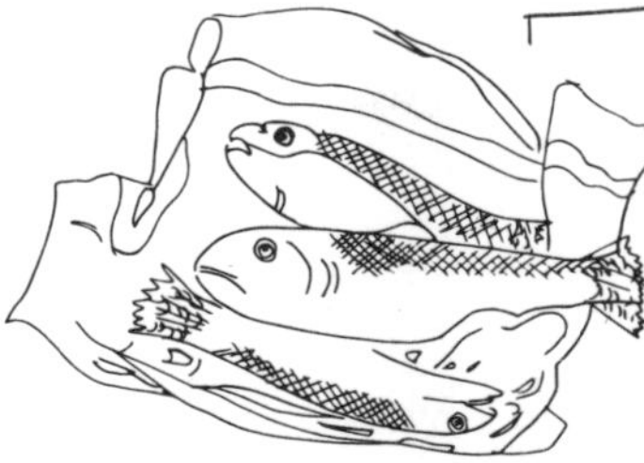

Le Lac Sauvage

LA GRANGE,
15300 DIENNE

Pêchez votre truite à bord d'une barque et dégustez la meilleure truffade au bord du lac.

Relais & Château Serge Vieira

LE COUFFOUR,
15110 CHAUDES-AIGUES

LE GRAND CAFÉ
MOULINS

Le Grand Café

Brasserie au décor Art-Nouveau, pour boire un café au milieu des fresques et des verrières d'antan.

49 PLACE D'ALLIER, 03000 MOULINS

PROMENADE à CHAMBÉRY

Sonia

4 RUE DU SÉNAT, 73000

MAISON DE PRÊT-À-PORTER

Robe
Paul & Joe

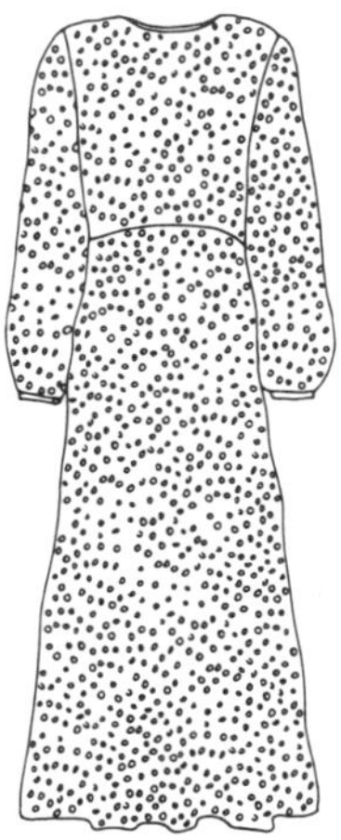

PAUL & JOE

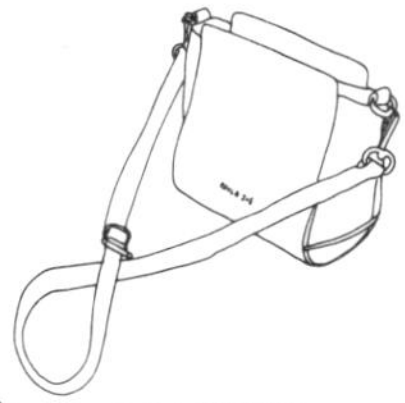

Dormeuses
Aurélie Bidermann

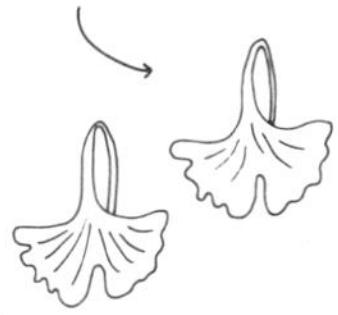

↑ VESTE parvin.
VANESSA BRUNO

Boutique à la sélection parfaite dans une toute petite rue piétonne très mignonne.

Faites un tour à la librairie du **Bois d'Amarante**. Large sélection d'ouvrages sur la nature, de beaux livres invitant au voyage mais aussi de romans classiques. Le coin jeunesse regorge également de trésors.

37 RUE JEAN-PIERRE VEYRAT, 73000 CHAMBÉRY

Hexagone

5 RUE BONIVARD, 73000

Boulangerie HEXA GONE

Juste après Sonia, achetez une "**MARIE-ANTOINETTE**" ici, meilleure brioche ! Les pains sont tout aussi bons.

Auberge Saint-Vincent

LIEU-DIT LE GAZ,
D12, 73190 APREMONT

Pour déjeuner ou dîner au milieu des vignes,
à seulement quelques kilomètres du centre-ville.

PROFITEZ-EN
POUR FAIRE UN TOUR
DANS LE MUSÉE !

Hector

MUSÉE DES BEAUX-ARTS,
PLACE DU PALAIS DE JUSTICE,
73000

COCKTAILS
et DEJ colorés
au rez-de-chaussée
du MUSÉE des Beaux-Arts.

En été, installez-vous
en terrasse sur la
PLACE du PALAIS
de JUSTICE.

FOCACCIA
aux légumes
du soleil

...

Ernest

pâtisserie et café

49 PLACE SAINT-LÉGER, 73000

Les meilleures **PÂTISSERIES** et les plus **créatives** sont ici !

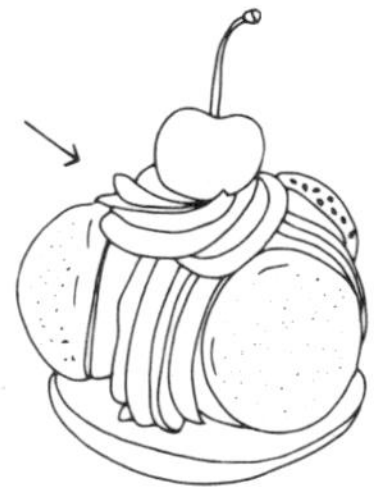

Promenez-vous dans les rues piétonnes du centre-ville, passez sous les arcades, découvrez la

PLACE SAINT-LÉGER,

la rue Croix-d'or,

la Place du Château

et prenez un café au GRAND JOSEPH

puis rejoignez la place MÉTROPOLE pour découvrir le

Le Cloître de la Cathédrale

6 RUE MÉTROPOLE, 73000

La Maison de Jean-Jacques Rousseau

et ses jardins

Maison dans laquelle a séjourné Jean-Jacques Rousseau avec Madame de Warrens de 1736 à 1742. Classée Monument Historique en 1905, c'est aussi un site naturel préservé et un jardin botanique qui ont profondément marqué la personnalité de l'écrivain.

890 CHEMIN DES CHARMETTES, 73000

Juliette

vestiaire féminin

Terminez votre promenade chez Juliette, les vendeuses sont adorables et la boutique regorge de pépites.

55 RUE SAINT-RÉAL, 73000

VESTE TEMPO roseanna

ÉCHARPE santi

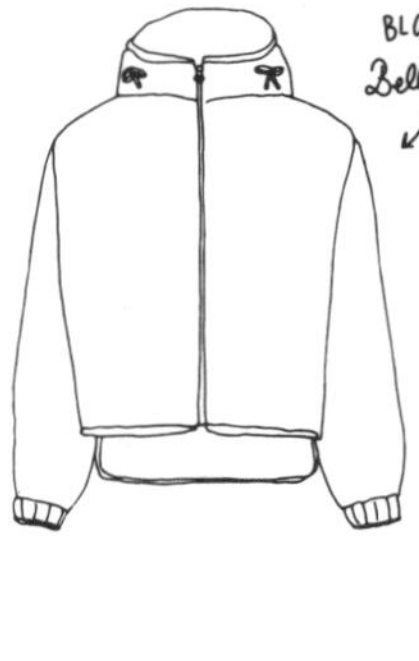

BLOUSON Bellerose

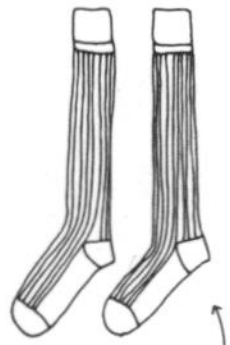

CHAUSSETTES

Manteau Voltaire HOD

Le Lamartine

RN 504, BOURDEAU,
73370 LE BOURGET DU LAC

Restaurant avec une vue panoramique sur le lac, cuisine raffinée et savoureuse.

LE melon

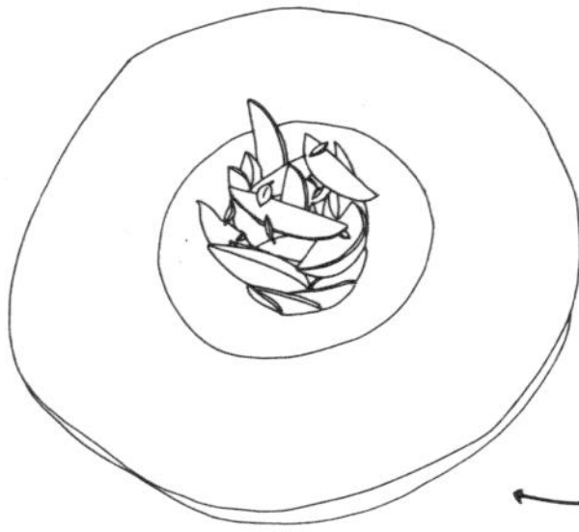

LA PÊCHE : SORBET REINE-DE-PRÉS ET GRANOLA

Courgettes de couleurs et sorbet tagettes

Entourage

ESPRIT MAISON

970 ROUTE D'AIX,
73420 VIVIERS-DU-LAC

Très belle sélection de mobilier, linge de maison, décoration, d'objets pratiques, utiles et beaux pour adoucir le quotidien.

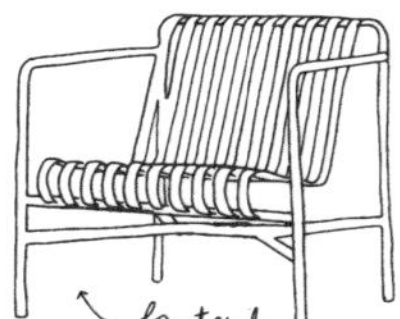

fauteuil d'extérieur

applique

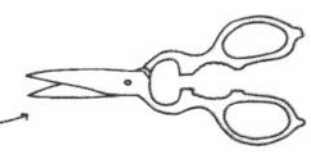

CISEAUX de CUISINE

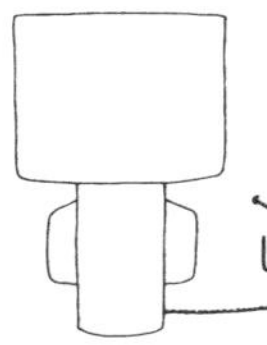

LAMPE

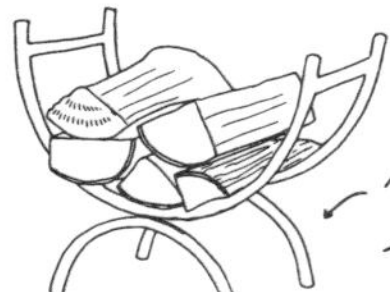

porte-bûches

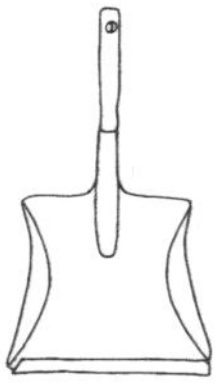

pelle

BALAYETTE

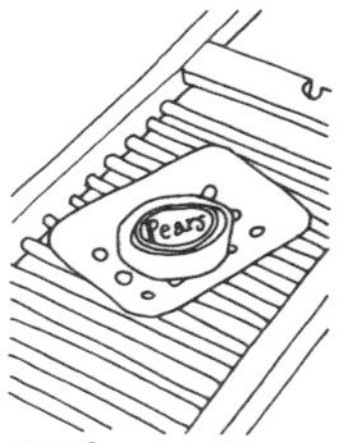

PORTE-SAVON

FAUTEUIL

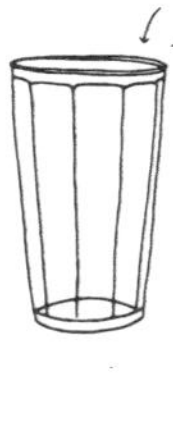

verre à eau

Le Belvédère de la Chambotte

Route au milieu des vignes et à l'arrivée, la plus belle vue sur le lac du Bourget. Spot magique pour admirer le coucher du soleil.

CHANAZ

et son moulin

Allez découvrir le moulin où sont fabriquées à l'ancienne de l'huile de noisette et de noix mais aussi des confitures délicieuses. Entrez dans le moulin pour le voir fonctionner et goûtez aux différentes confitures.

Moutarde de NOIX

Baladez-vous dans le village, ne manquez pas la Brûlerie de Chanaz, un excellent torréfacteur

capsules de café

huile de noisette

CONFITURE DE NOISETTE

CAFÉ en GRAINS

Passez aussi par la Brasserie du Biez pour déguster des bières artisanales locales et bien sûr promenez-vous le long du canal de Savières

Repartez ensuite par la route qui longe le LAC DU BOURGET, passez par Brison-Saint-Innocent pour rejoindre Aix-les-Bains

L'apogée
MÉRIBEL

FLOCONS
de SEL
MEGÈVE

BONNET

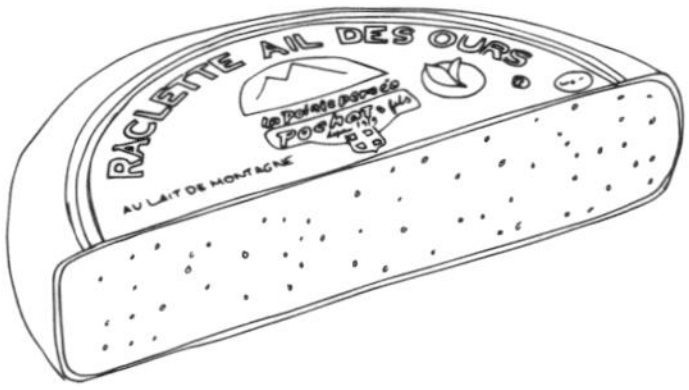

Raclette

Les Fermes de Marie
MEGÈVE

SPORTS D'HIVER

Le Cheval Blanc
COURCHEVEL

Le Mont d'Arbois
MEGÈVE

Entre ciel et terre
VAL D'ARLY

Le Chalet Zannier
MEGÈVE

CHAUSSETTES

la Folie Douce
MÉRIBEL,
VAL THORENS

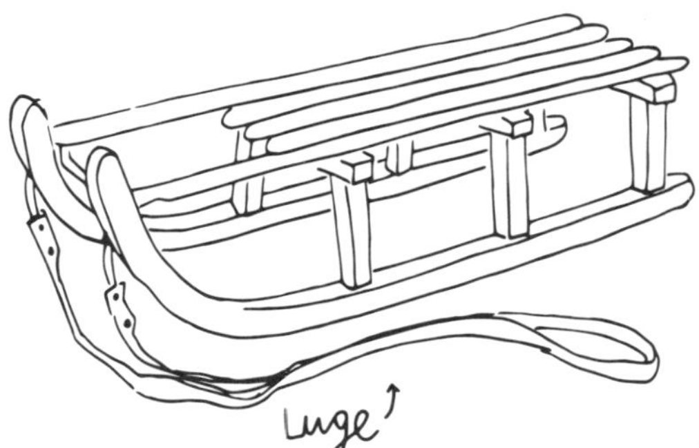

Luge

Table de l'ours
VAL D'ISÈRE

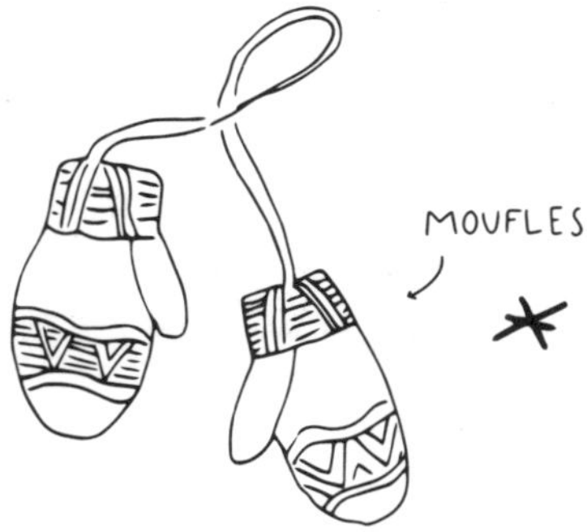

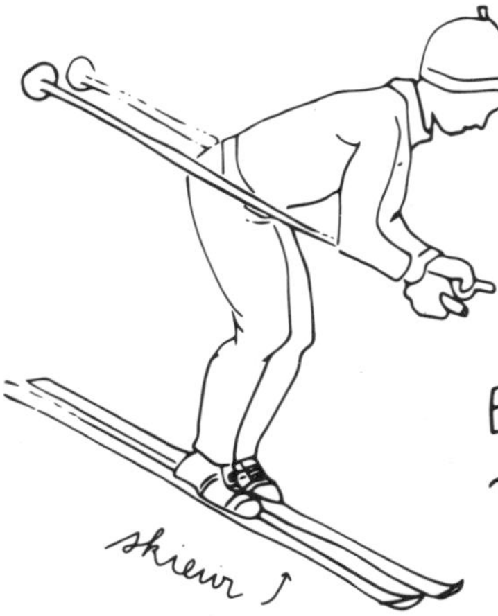

ÉCO-BIVOUAC
village d'igloos
ANNECY

Le Refuge de la Traye
MÉRIBEL

Les Airelles
COURCHEVEL

Refuge
du
Goûter
VAL D'ISÈRE

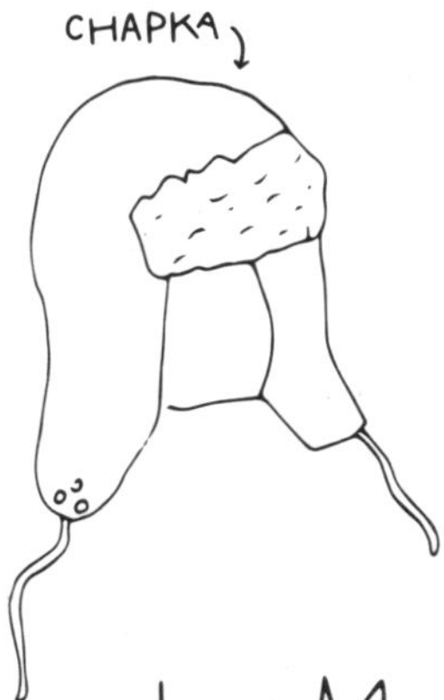

Le Toit
du monde,
VAL D'ARLY

Le M.
MEGÈVE

Les Thermes
BRIDES-LES-BAINS

UNE JOURNÉE À Saint-Étienne

Cornand

PÂTES ARTISANALES HAUTE-COUTURE ET ÉPICERIE FINE

5 RUE POINTE CADET, 42000 SAINT-ÉTIENNE

TOUR EIFFEL à l'encre de sèche 300g

GROS COUDES

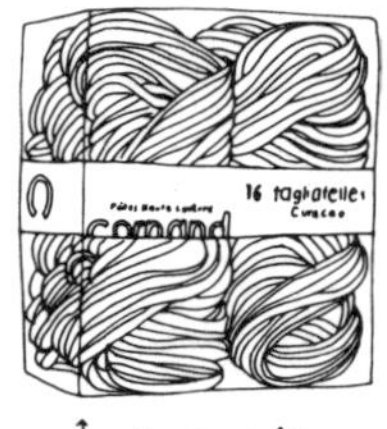

Tagliatelles CURACAO

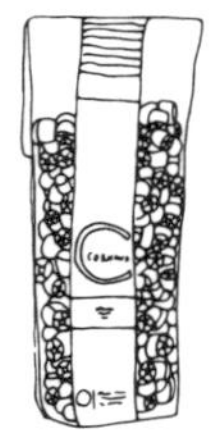

Roues aux oeufs

Le souhait de la boutique Cornand est de transmettre la culture du "bien manger" et du "bien-faire", à travers la vente de produits artisanaux sélectionnés avec soin

Faites un tour sur la Place de l'Hôtel de Ville puis arrêtez-vous au restaurant

Un Chien dans un jeu de quilles

11 RUE PRAIRE,
42000 SAINT-ÉTIENNE

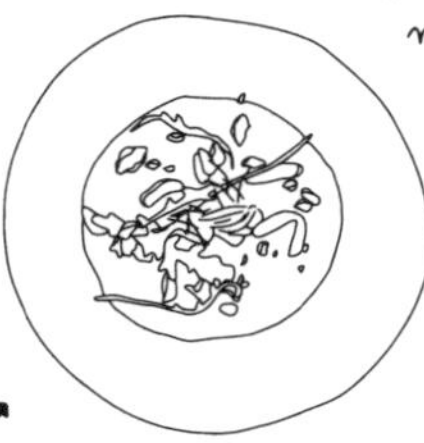

velouté de BUTTERNUT, noix et roquette

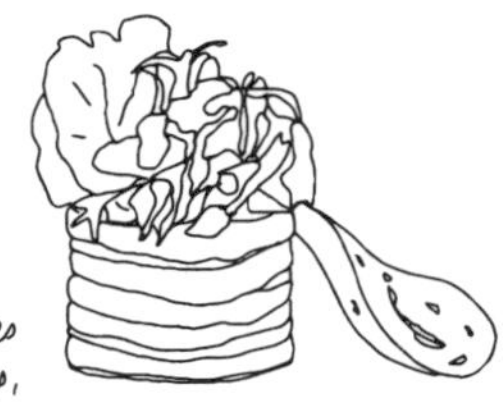

lasagnes aubergines, tomates, mozza + salade verte

Bistrot chic à la carte inventive et aux plats gourmands, petit stop parfait avant de courir à la

Cité du Design

3 RUE JAVELIN PAGNON,
42000 SAINT-ÉTIENNE

Déjeuner haut en couleurs, saveurs et produits de saison au **Numéro 10**.

Brunch le samedi matin !

19 RUE DE LA VILLE, 42000 SAINT-ÉTIENNE

Maison Aribert

Cuisine délicieuse connectée à la nature du chef Christophe Aribert. Cours de yoga dans les jardins de l'hôtel et nuit feutrée dans l'une des 3 chambres de l'hôtel intimiste et magnifiquement décoré. Vous pouvez déjeuner au Café A, idéalement sur la terrasse pour profiter du grand air et de la nature environnante.

280 ALLÉE DU JEUNE BAYARD, 38410 URIAGE-LES-BAINS

BALADE à Grenoble

La Chapelle

5 RUE DES BAINS,
38000 GRENOBLE

Pour un dej dans une ancienne chapelle réaménagée en restaurant. Mangez sur les balcons avec les vitraux comme compagnons de table et dégustez des plats du monde parfaitement préparés.

Fantin Latour

1 RUE GÉNÉRAL DE BEYLIE,
38000 GRENOBLE

brasserie, restaurant gastro :
il y en a pour toutes les bourses !

Pains et cie

1 BIS RUE LAFAYETTE,
38000 GRENOBLE

Tartinerie,
Boulangerie,
café + Brunch

Pour un déj simple mais si bon !

Passez boire votre café au **Bon Label**, torréfié de manière responsable et sublimé par les super baristas.

39 RUE HUMBERT II,
38000 GRENOBLE

Madam

restaurant bistronomique

34 RUE THIERS,
38000 GRENOBLE

"MADAM a élu domicile dans une villa de la Belle Époque. Sa décoration est le reflet de l'âme de cette maison. Velours orange, banquettes, larges miroirs, marbre et boiseries. Tout ici respire le parfum d'un temps où les femmes à la coupe garçonne défilaient en costumes d'homme, bouche rouge et longue cigarette"

La cuisine, quant à elle, se veut généreuse et sincère et est basée sur des produits de saison.

BALADE à Vichy

PROMENADE dans le centre-ville : l'HÔTEL de VILLE est superbe.

Pavillon de la Source

Admirer l'ARCHITECTURE de l'OPÉRA et aller voir un spectacle.

Hall des Sources

Déj à l'EMPIRE CAFÉ ou brunch

3 GALERIE DE LA PLACE
DE LA SOURCE DE L'HÔPITAL,
03200

ou alors à

La Brasserie du Casino

4 RUE DU CASINO, 03 200

Promenez-vous dans Les jardins des Hurlevents, pépinière et balade bucolique au milieu des plantes vivaces.

03200 LE VERNET

Sources et thermes de Vichy

Ingrédients du Coq au vin

- 1 coq coupé en morceaux
- 250g de champignons de Paris
- 2 gousses d'ail
- 3 c. à s. de persil hâché
- 1/2 bouteille de vin de Bourgogne
- 40g de beurre
- 20g de farine
- 200g de poitrine fumée
- 2 échalotes
- 1 bouquet garni
- 2c. à s. d'eau-de-vie
- 2c. à s. d'huile d'olive
- sel, poivre

Maintenant, à toi de jouer !

Bourgogne, Franche-Comté

Virée à Beaune

The Cook Atelier

43 RUE DE LORRAINE, 21200 BEAUNE

Petite école de cuisine qui travaille à mettre en valeur le lien entre l'agriculteur et la cuisine à travers les visites de marché. Aussi boutique culinaire, coffee and wine shop, c'est LE lieu à ne pas manquer !

École des Vins de Bourgogne

Plusieurs formules de cours sont proposées pour en apprendre plus sur les vins et les vignobles de la région. La formule "Entre vignes et vins" dure 2h et est idéale pour connaître les bases de l'œnologie : promenade dans les vignes et dégustation de 3 vins différents. Comptez 39€ par personne.

6 RUE DU 16e CHASSEURS, 21200 BEAUNE

La Dilettante

restaurant, bar à vin,
épicerie fine et caviste

11 RUE DU FAUBOURG BRETONNIÈRE, 21200 BEAUNE

...

Bistrot Lucien & Rôtisserie du Chambertin

Le bistrot est ouvert tous les jours, midi et soir et vous permet de découvrir une cuisine savoureuse et raffinée. Vous pouvez aussi réserver une table à la table d'hôtes et vous laisser porter le temps d'un déjeuner ou d'un dîner dans une ambiance de ferme chaleureuse et moderne. Les produits sont locaux et de saison, fraîchement sourcés sur le marché de Dijon et les plats proposés sont d'une grande qualité. La maison fait aussi chambre d'hôtes, si vous souhaitez faire durer le plaisir !

6 RUE DU CHAMBERTIN, 21220 GEVREY-CHAMBERTIN

Cabanes sur Pilotis

Pour dormir au milieu d'un plan d'eau dans le Parc Régional Naturel du Morvan.

MAROLLE, 71190 SAINT-DIDIER-SUR-ARROUX

Abbaye de Fontenay

21500 MARMAGNE

Monument classé au patrimoine mondial. Fondée en 1118, elle est la plus ancienne abbaye cistercienne conservée au monde. Elle est nichée au creux d'un vallon entièrement préservé qui s'étend sur plus de 1200 hectares.

Le Jura

Fromagerie Janin

Tradition fromagère
de père en fils depuis 1885

COMTÉ

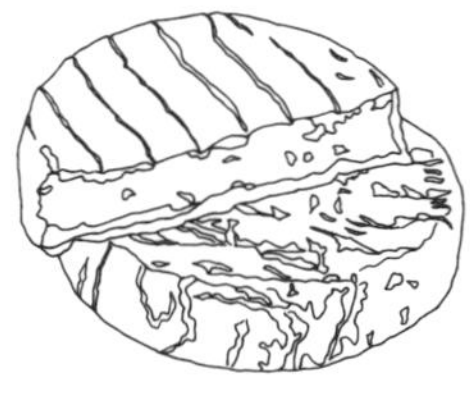

Chèvre

21 AVENUE DE LA RÉPUBLIQUE, 39300 CAMPAGNOLE

Passez une nuit à la belle étoile au sommet de la Dôle et regardez le soleil se lever sur les alpes.

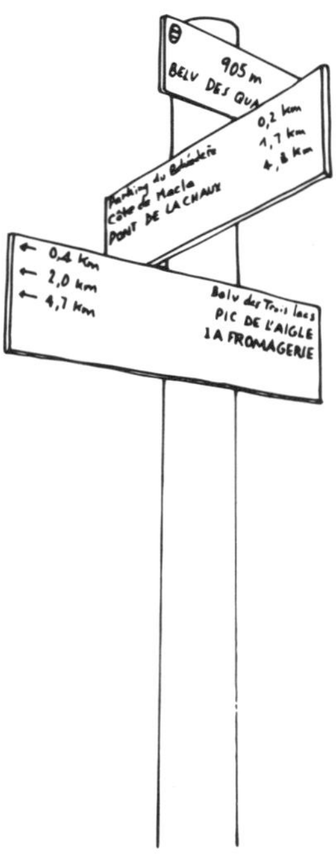

Le Belvédère des 4 Lacs

Excursion autour des lacs d'Ilay, Petit, Grand Maclu et Narlay, encore très sauvages. Admirez les paysages aux nuances infinies de vert et de bleu.

* Sentier facile, accès en voiture possible à proximité.

39150 LA-CHAUX-DU-DOMBIEF

La Manufacture de Digoin

1 RUE DE LA VERNE,
71160 DIGOIN

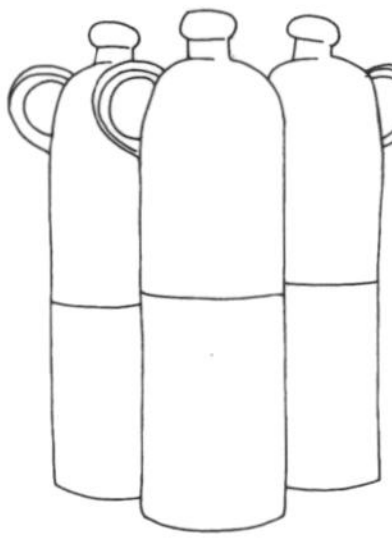

Bouteilles

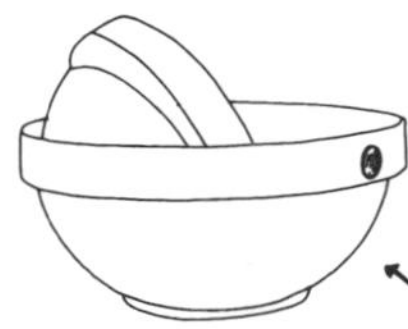

bols

PICHET

"Fabricant de pièces en grès, pour conserver, préparer, cuire et mijoter"

J'ai toujours été une grande fan des pots en grès pour décorer mes intérieurs... je suis une vraie collectionneuse ! Alors cet endroit est pour moi une institution.

Casa Antolià

Maison vigneronne de 1765, ce gîte charmant peut accueillir jusqu'à 6 personnes. Situé en plein cœur du Jura, c'est l'endroit idéal où poser vos valises pour découvrir la région et ses vignobles.

11 RUE DE LA CUISANCE,
39600 LES-PLANCHES-PRÈS-ARBOIS

L'aspérule

34 RUE DU PONT, 89000 AUXERRE

Gâteau de céleri aux truffes, sauce coquillage

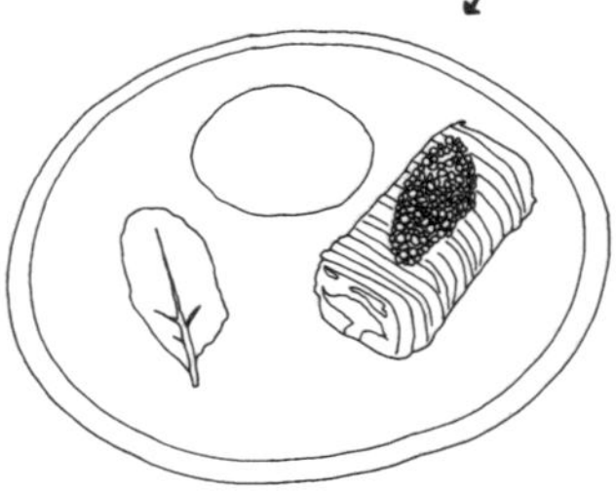

Poire & Chocolat

Restaurant gastronomique du chef Keigo Kimura. Une super option pour déjeuner dans un étoilé pour moins de 30€.

Le Clos de l'Abbaye

6 PLACE DU MARCHÉ, 71250 CLUNY

Chambres d'hôtes idéalement placée, les hôtes sont charmants, les chambres très calmes et agréables. Le délicieux petit dej est servi dans le jardin en été.

Le Potin Gourmand

4 CHAMP DE FOIRE, 71250 CLUNY

Galette de polenta, escargots au beurre d'ail, coulis de tomate

NOIX DE SAINT-JACQUES AU VINAIGRE DE MANGUE, FOIE GRAS MI-CUIT ET CHIPS DE PAIN D'ÉPICES

Restaurant gastronomique à deux pas de l'Abbaye de Cluny. Réservez une table "côté jardin" et profitez d'un cadre magique pour partager un bon dîner.

La Roche de Solutré

Escarpement calcaire surplombant la commune de Solutré-Pouilly, à 8 km à l'ouest de MÂCON. De son sommet, vous découvrirez une vue splendide sur les vignes environnantes, les vallées alentour, le Jura et même le Mont-Blanc.

promenade à Dijon

Brunch aux Halles de Dijon

Pendant la période estivale, chaque dimanche, un chef prend les commandes du brunch et propose un large choix de produits salés et sucrés pour 25€.

RUE CLAUDE RAMEY, 21000 DIJON

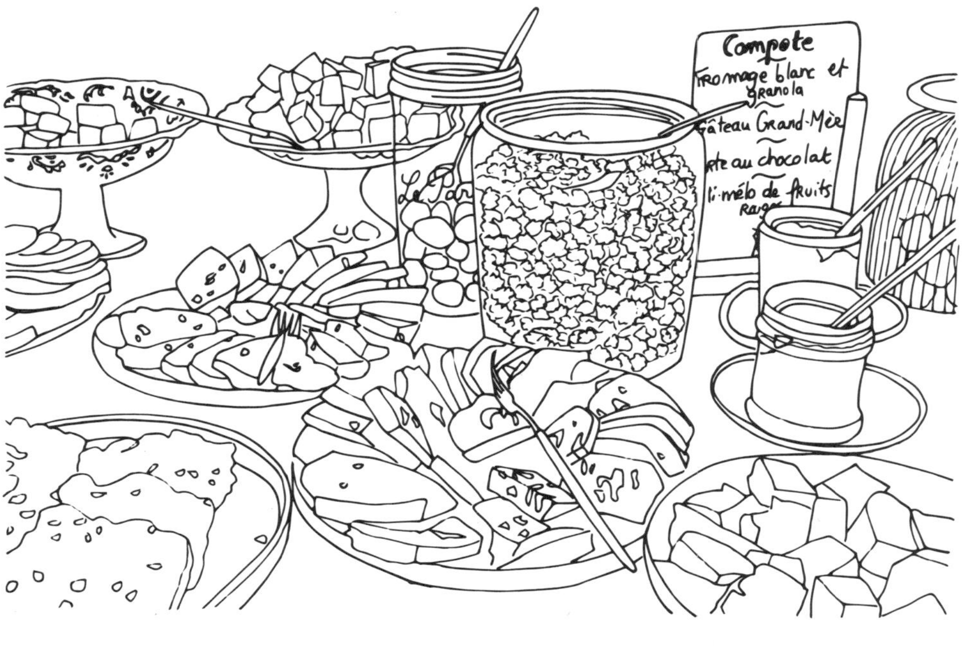

La Moutarderie Fallot

16 RUE DE LA CHOUETTE,
21000 DIJON

Boutique où vous pourrez trouver les meilleures moutardes à ramener chez vous : moutarde à l'ancienne, à la truffe, aux noix, au sirop d'érable, au pinot noir... Vous pouvez aussi visiter les ateliers de fabrication.

Du Pain Pour Demain

boulangerie

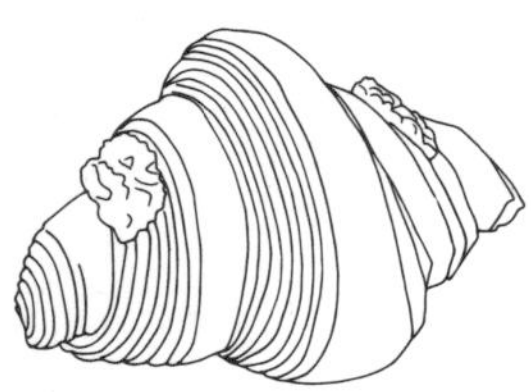

Croissants multicolores trop bons. Les pains sont tous plus appétissants les uns que les autres !

31 RUE DES BRUGES, 21000 DIJON

...

Le Jardin Darcy

et ses sublimes fontaines et bassins !

Vive les jardins, les promenades et le grand air !

PLACE DARCY,
21000 DIJON

Mulot et Petitjean

Nonnettes, pain d'épices et autres spécialités sucrées délicieuses, le tout dans une boutique au décor d'antan et à la jolie façade à colombages.

NONETTE à la confiture de FRAMBOISE

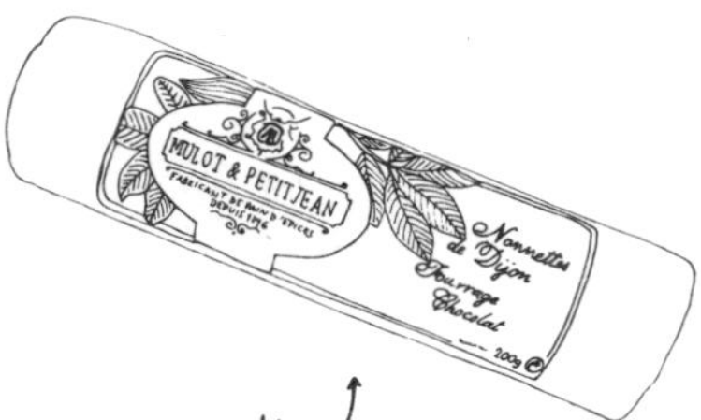

Nonette fourrée au CHOCOLAT

NONETTE nature

13 PLACE BOSSUET, 21000 DIJON

Dessine ton autoportrait avec la coiffe bigoudène

BRETAGNE

FINISTÈRE
Saint-Brieuc
CÔTES-D'ARMOR
Quimper
ILLE-ET-VILAINE
MORBIHAN
Rennes
Vannes
Belle-Île

PROMENADE à Belle-Île-en-Mer

ACCESSIBLE TOUTE L'ANNÉE
AU DÉPART DE QUIBERON
+ L'ÉTÉ AU DÉPART DE VANNES,
PORT-NAVALO, LE CROISIC, LA TURBALLE

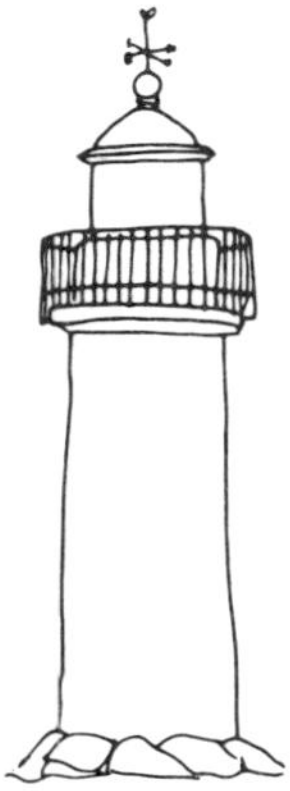

Promenez-vous jusqu'au PHARE
en admirant les magnifiques
maisons autour

QUAI JOSEPH NAUDIN,
56 360 SAUZON

Les Embruns

Pour une soirée crêpes-galettes
avec vue sur le port de SAUZON.

PENSEZ
À RÉSERVER

Boulangerie St Nicolas,

pour manger la
meilleure BEURRÉE,
une sorte de kouign amann
avec (encore) plus de beurre !

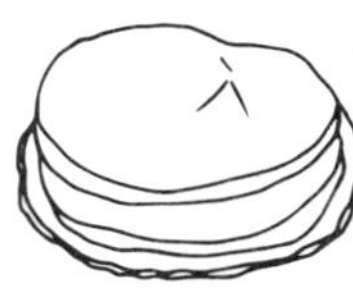

PLACE DE L'ÉGLISE,
56360 SAUZON

Admirez le coucher du soleil aux aiguilles de PORT COTON, passez voir La Maison des Sirènes

puis régalez-vous au restaurant de l'HÔTEL

LE GRAND LARGE
BELLE ÎLE EN MER
☆☆☆

dans un cadre magique

LIEU-DIT GOULPHAR, 56360 BANGOR

Impossible de repartir sans passer à La Bien Nommée, la meilleure biscuiterie où acheter du caramel au beurre salé

8 PLACE de la RÉPUBLIQUE,
56360 LE PALAIS

Plage de Kerdonis, à côté des Grands Sables.
+ confidentielle car un peu plus difficile d'accès mais si belle avec son eau turquoise, son sable fin et ses nombreuses petites criques

BELLE ÎLE EN MER

Prendre un PETIT DÉJ au Grand Hôtel de Bretagne avec vue sur le port de Palais

QUAI DE L'ACADIE,
56360 LE PALAIS

Le Kervi – épicerie authentique qui propose les meilleurs gâteaux bretons et FAR aux PRUNEAUX de l'île

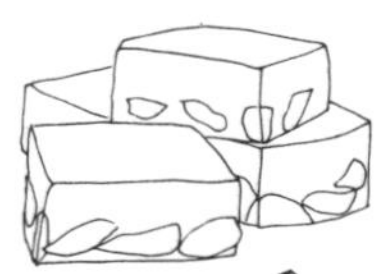

KERVILAOUEN,
56360 BANGOR

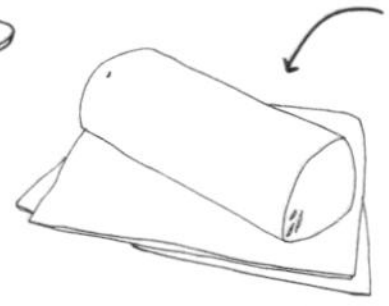

Achetez des fromages de chèvre fabriqués sur l'île à la Ferme de Fonténégro.

Vous trouverez aussi le Pilou, une TOME de VACHE délicieuse et une exclusivité de l'île !

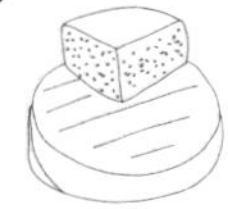

La Pourlette

2 RUE JEAN BART,
56 170 QUIBERON

crêperie

Pour manger des vraies galettes bretonnes.

PASSEZ à la **Boulangerie Rigundel** pour manger une véritable BEURRÉE, spécialité de cette boulangerie depuis + de 60 ans.

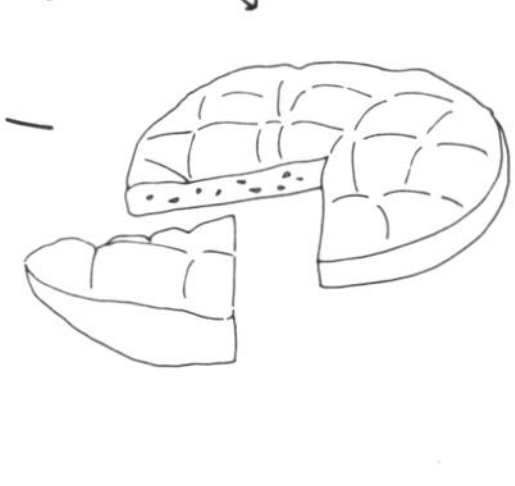

QUIBERON

Se balader à pieds, à vélo ou en voiture le long de la CÔTE SAUVAGE, au dessus des falaises et du ressac de l'océan. Magique

FUN FACT

En été, la boulangerie peut vendre jusqu'à 600 beurrées par JOUR!

La Belle Folie

KERGO, 56400 PLOEMEL

Hébergements insolites au milieu de la forêt : CABANES ("TISSÉE" ou "BRANCHÉE"), hamacs, caravanes et tentes améliorées + restau-guinguette-bar bio et local ouvert à tous : assiettes anciennes, plats délicieux et bocaux maison. Le tout en terrasse ou sous une immense serre végétalisée.

Le lieu idéal pour déconnecter dans le bon, le beau, le vrai.

Vannes

HALLES aux POISSONS

2 PLACE DE LA POISSONNERIE

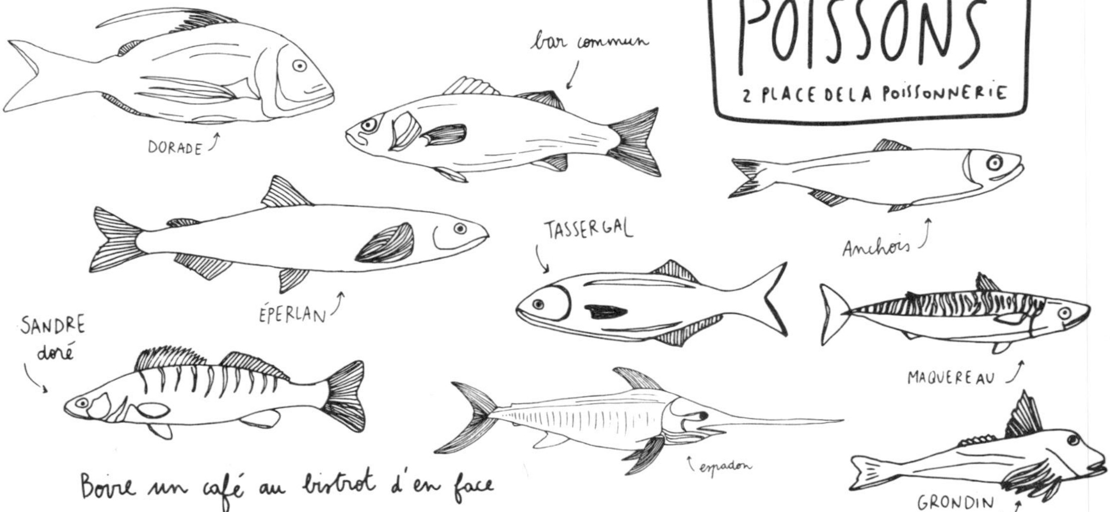

Boire un café au bistrot d'en face et faire un tour dans la galerie d'art LES FUNAMBULES juste à côté.

Fleur du temps

FLEURISTE

12 RUE DE PERTH
BRAS, 56 860 SÉNÉ

Fleurs de saison, cultivées localement et proposées à la coupe. Bouquets champêtres parfaits pour égayer sa maison. À retrouver sur le marché les mercredis et samedis

L'atlantique

RESTAURANT

16 PLACE GAMBETTA,
56000 VANNES

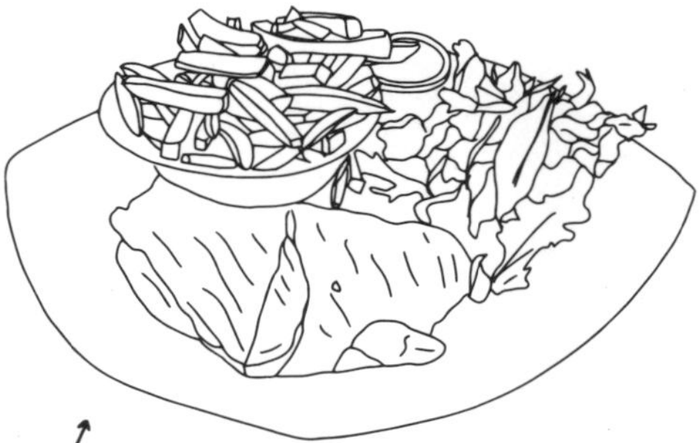

ENTRECÔTE
+ FRITES
+ SALADE VERTE

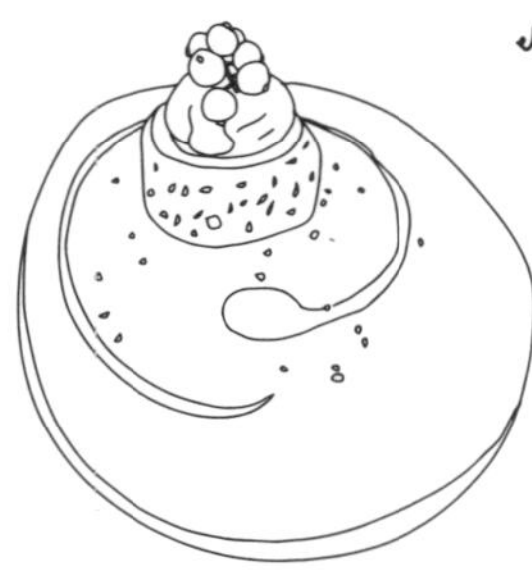

Fondant au chocolat et glace vanille

Véro,

CRÈMES & FROMAGES

HALLES DES LICES,
4 PLACE DES LICES,
56000 VANNES

DANS LES HALLES DU MARCHÉ

Le Chantier

13 CHEMIN DU PASSEUR,
56470 SAINT-PHILIBERT

RESTAURANT AU BORD DE L'EAU

poissons et plateaux de fruits de mer

Le San Francisco

LE PORT,
RUE BENONI PRAUD,
56780 ÎLE-AUX-MOINES

Prenez l'apéro sur la terrasse de l'hôtel et dégustez une assiette de langoustines à la mayonnaise tout en admirant la vue sur le Golfe du Morbihan.

SAINT-MALO

Choubidoux

4 PLACE BREVET, 35400 SAINT-MALO

RECUPÈRE LA CARTE DE VISITE !

Cuisine saine, salon de thé, boutique de créateurs et épicerie fine.

Plage de Bon Secours

PLAGE NICHÉE AUX CREUX DES FALAISES, EAU TURQUOISE ET, À MARÉE HAUTE, PLONGEOIR MARIN.

Les Caramels de Groix

Artisan confiseur où tous les produits sont faits avec amour et trop bons, indispensable de s'en faire des réserves pour se régaler toute l'année !

16 PLACE DE L'ÉGLISE,
56590 GROIX

MARCHÉ aux HUÎTRES

1 RUE DES PARCS, 35260 CANCALE

Huîtres locales fraîchement pêchées, à déguster face au Mont Saint-Michel

Grain de Vanille

12 PLACE DE LA VICTOIRE, 35260 CANCALE

Boulangerie aux milles-feuilles délicieux classique ou aux fraises pendant l'été, galettes cancalaises, huîtres en chocolat et autres gourmandises.

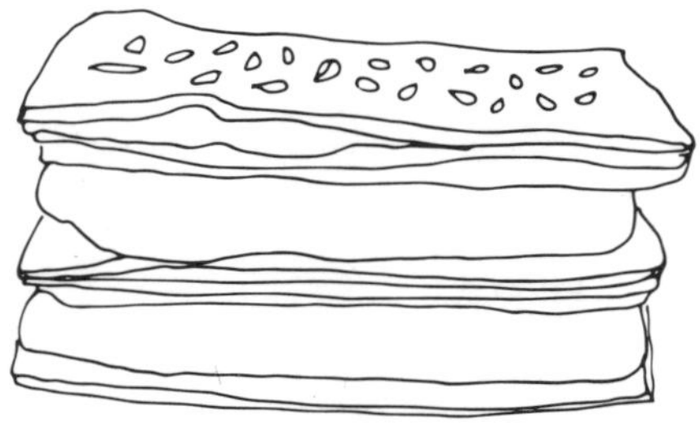

Mille-feuilles

La Table de Breizh Café

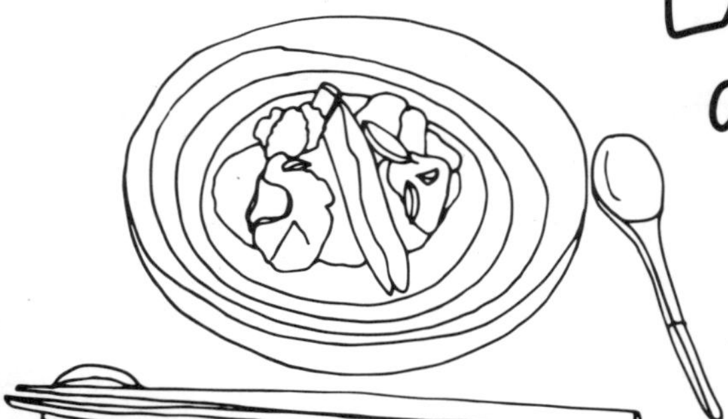

7 QUAI THOMAS 1ER ÉTAGE, 35260 CANCALE

DINARD

Vent de Vanille

3 BIS BOULEVARD DU PRÉSIDENT WILSON,
35800 DINARD

PÂTISSERIE

Laboratoire de glaces aux épices Roellinger et atelier de mille-feuilles absolument délicieux. Emportez votre pâtisserie et dégustez-la sur la plage de Dinard qui se trouve à deux pas.

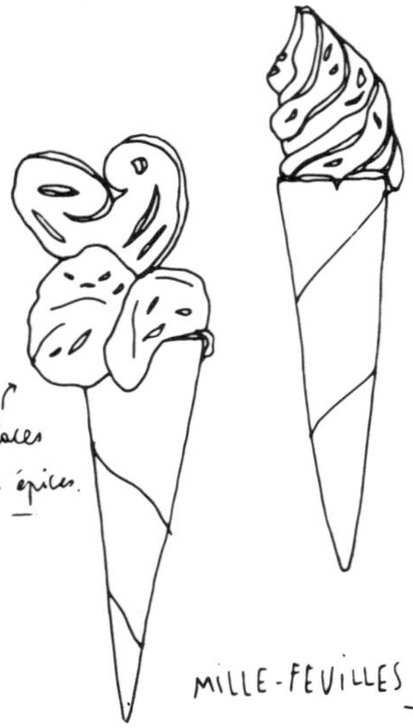

glaces aux épices

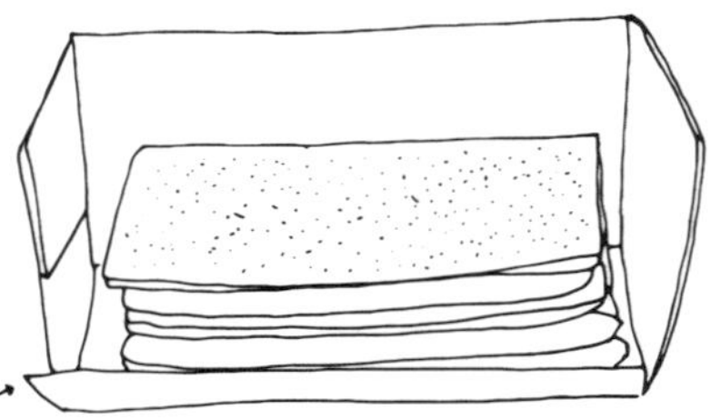

MILLE-FEUILLES

Hôtel accroché à la falaise, cuisine délicieuse, bassin de nage suspendu et superbe bar. Une vraie adresse ****

Hôtel ****
Castelbrac

17 AVENUE GEORGES V,
35800 DINARD

tarte aux figues

Oyster Club

2 RUE DE SAINT-ÉNOGAT,
35800 DINARD

Produits de la mer et bon vin, huîtres fraîches, langoustines, crabe, bigorneaux… des assiettes comme des tableaux dans un décor cabinet de curiosités.

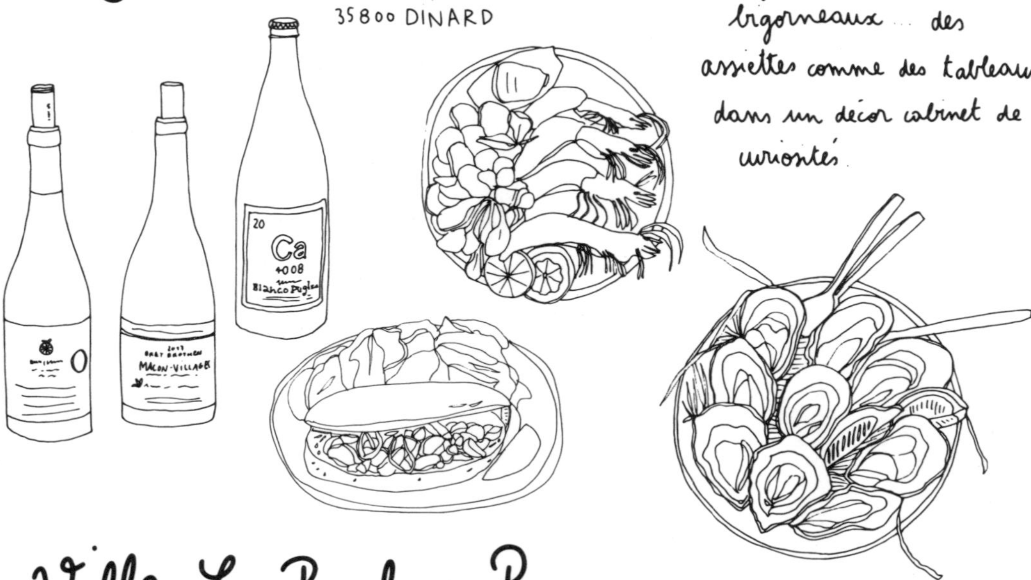

Villa Les Roches Brunes

1 ALLÉE DES DOUANIERS,
35800 DINARD

Expos, conférences, concerts… lieu culturel situé sur la pointe de la ville, avec une vue imprenable sur la mer.

…

Bliss Dinard

Vêtements, bougies, déco, bijoux.
Ambiance raffinée et chaleureuse.

31 RUE DU MARÉCHAL LECLERC, 35800 DINARD

Allez manger des KOUIGNETTES, petites soeurs du kouign amann à la BOULANGERIE biscuit joyeux.

La Cour de récré

30 RUE DU MARÉCHAL LECLERC,
35800 DINARD

Restauration rapide et simple avec une déco très chouette.
Pour petits et grands.

la cour de récré
restaurant pour petits et grands

Le Clos Penhoët

Si vous cherchez un gîte à Dinard, passez dire bonjour à mes cousins Louis et Armelle de ma part ! Bonne humeur garantie, c'est de famille.

16 RUE DE LA VILLE ÈS PASSANTS,
35800 DINARD

La Maison Générale

Concept store, resto et boutique de déco, endroit unique où vous trouverez votre bonheur pour votre maison.

22 RUE LEVAVASSEUR, 35800 DINARD

Maison de Bricourt

FAMILLE ROELLINGER

À 5 km de Cancale,

Château Richeux

HÔTEL

LE BUOT,
35350 SAINT-
MÉLOIR-DES-ONDES

"Grande villa des années 1920, le Château Richeux se dresse face au Mont-Saint-Michel au milieu de la lande. La mer, le ciel, la terre, l'infini des bleus, des verts, des gris se confondent dans l'évidente beauté de la nature et le chant du vent. L'endroit s'appelle "La sérénité au Point du Jour", les levés de soleil y sont émouvants. 11 chambres spacieuses avec vue sur la baie, deux appartements ainsi que le Coquillage, la table des Maisons Bricourt, constituent ce lieu de vie, raffiné et singulier."

Ferme du Vent

LE BUOT,
35350 SAINT-MELOIR-DES-ONDES

gîte de charme

Les repas sont déposés dans la cuisine privative, vous pouvez prendre un bain face à la mer ou profiter d'un feu de cheminée, confortablement installés dans les généreux canapés. L'endroit dont on rêve tous, en somme !

Les Rimains

HÔTEL

LES RIMAINS, 62 RUE DES RIMAINS, 35260 CANCALE

« Un havre de paix situé sur les falaises de Cancale, l'Hôtel domine la mer. Il compte 4 chambres chaleureuses et romanesques, baignées des sortilèges lumineux de la baie du Mont-Saint-Michel.

Toutes sont face à la mer et sont conçues pour vivre au gré des marées. Selon les saisons, le micro-climat permet les petits-déjeuners dans le jardin. En bas du jardin "le sentier des amoureux" ou "chemin des douaniers", offre le plus beau des points de vue sur la baie et parcs à huîtres si graphiques dans l'eau translucide. »

PROMENADE à Rennes

Le Mirlitantouille

12 RUE NANTAISE,
35000 RENNES

POUR DÉGUSTER DES OEUFS MIMOSAS EXQUIS

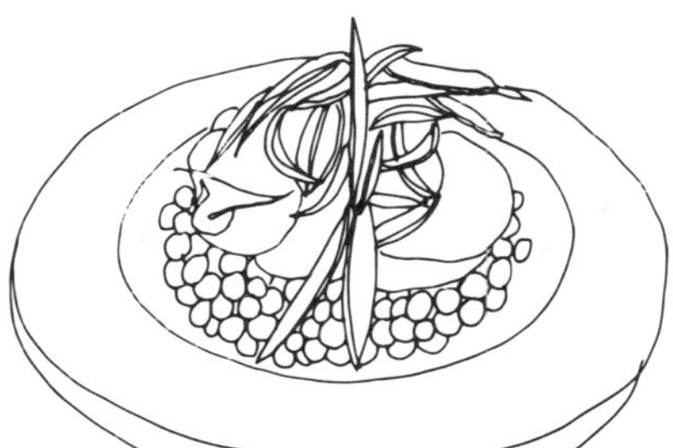

Un air de famille

5 PLACE ALEXANDRE JEHANIN
35190 BÉCHEREL

SALON DE THÉ - BROCANTE

à environ 30 minutes de Rennes

CANNELÉS

TASSES à CAFÉ

CHEESECAKE

sucreries

vaisselle ancienne

La Cantine des Ateliers

59 RUE ALEXANDRE DUVAL,
35000 RENNES

Dans une ancienne usine AMORA réhabilitée lieu d'expositions artistiques, d'évènements culturels et autres concerts. C'est aussi une cantine savoureuse et conviviale, ouverte uniquement le midi

3 RUE HOCHE,
35000 RENNES

Pâtisserie 16H30

La MEILLEURE brioche feuilletée

...

Bistrot Cocagne

12 RUE DES DAMES,
35000 RENNES

ou l'endroit parfait pour un déjeuner avec des copains ou pour le goûter du samedi après-midi. MEILLEURS COOKIES !

Alaska brocante

brocante - cantine - café

autrefois GARAGE PEUGEOT

14 RUE DUPONT DES LOGES,
35000 RENNES

Castel Jolly

Chambre d'hôtes, petit écrin de douceur au cœur de la ville, superbe jardin, chambres très agréables, hôtes adorables et brunch délicieux !
Une vraie parenthèse enchantée.

15 RUE DE BRIZEUX,
35700 RENNES

Chérie Chéri

13 RUE HOCHE,
35000 RENNES

CONCEPT STORE, CAFÉ

Déco raffinée et objets choisis, jolies pâtisseries et plats très appétissants, idéal pour une pause dej.

chérie chéri

Villa Tri Men

16 RUE DU PHARE, 29120 SAINTE-MARINE

Charmante maison de famille revisitée en hôtel ****

Monsieur Papier

59 RUE DES LANGOUSTIERS,
29770 PLOGOFF

Cheesecake aux figues

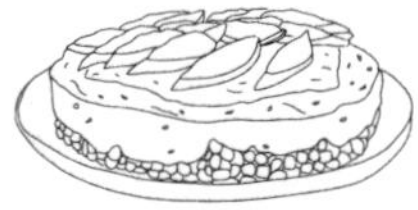

Café x papeterie sur la Pointe du Raz
Très jolie sélection, cafés + pâtisseries à tomber
et vue sur les vagues s'écrasant sur les rochers.
Le rêve !

CARNET

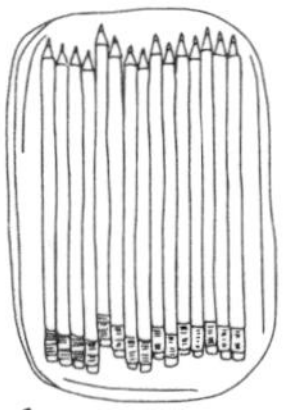

CRAYONS de PAPIER

badge

pins GOELAND

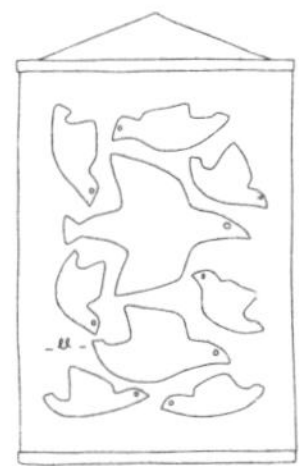

AFFICHE "En Vol"

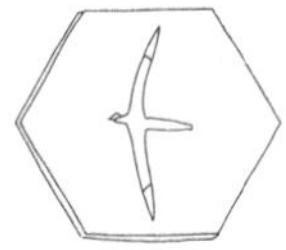

CARREAU ciment

TOTE-BAG sardines

La Boulangerie des Plomarc'h

20 RUE DES PLOMARC'H,
29100 DOUARNENEZ

POUR LE MEILLEUR
kouign amann

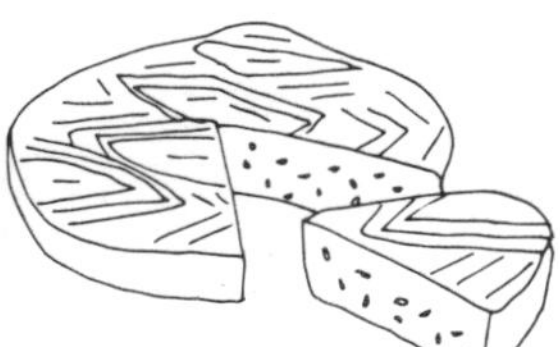

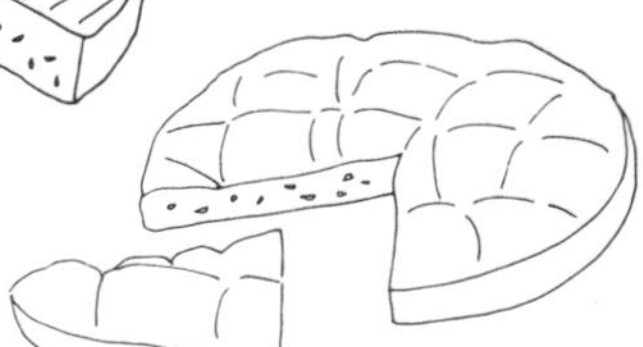

GÂTEAU BRETON POUR 4 PERS.

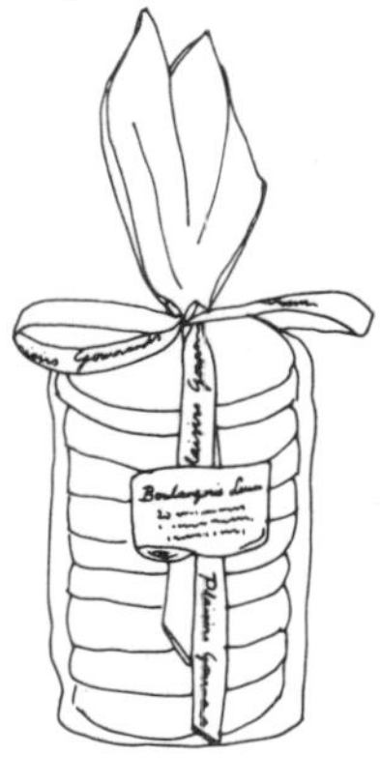

PLOUMANAC'H

Promenade à partir du Port de Ploumanac'h : longez la côte pour rejoindre la PLAGE de SAINT-GUIREC pour une pause baignade ou pêche aux coques.

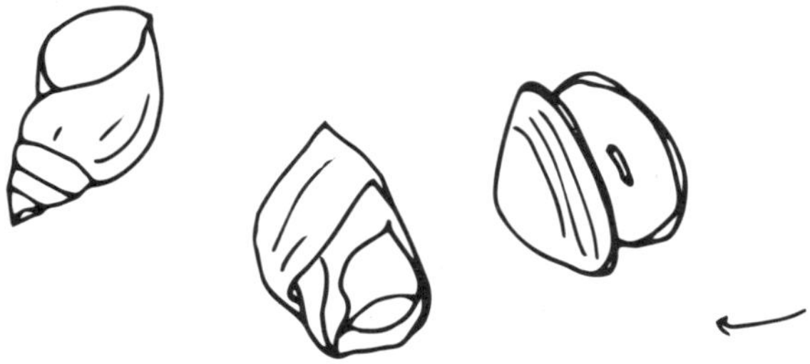

Admirez la **CÔTE DE GRANIT ROSE** puis installez-vous en terrasse du restaurant

Le Coste Mor

162 RUE SAINT-GUIREC, 22700 PERROS-GUIREC

pour déguster un plateau d'HUÎTRES aux premières loges du coucher de soleil.

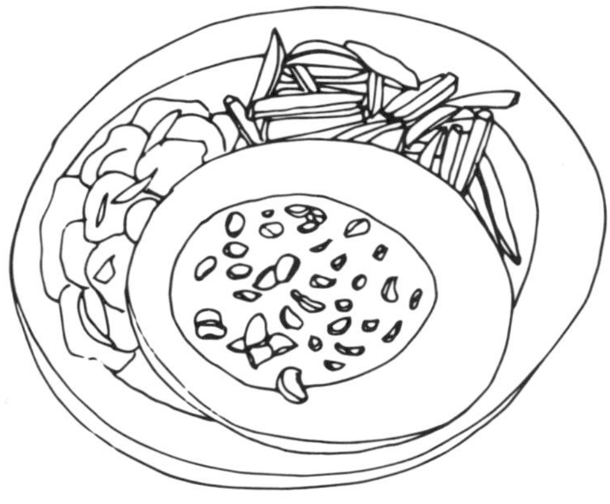

Impossible de repartir sans passer par la

Maison Hémery

37 BOULEVARD
DU SÉMAPHORE, 22700 PERROS-GUIREC,

une pâtisserie où TOUT est
délicieux et fabriqué dans les règles de l'art.

Allez goûter le meilleur KOUIGN AMANN du coin, →

repartez avec un **pot de caramel** au beurre salé →

et des CRÊPES BRETONNES,

laissez vous tenter par un

GÂTEAU BRETON
fourré ou nature
→

ou encore par la croûte à thé, une pâtisserie
faite de pâte sablée garnie aux amandes.

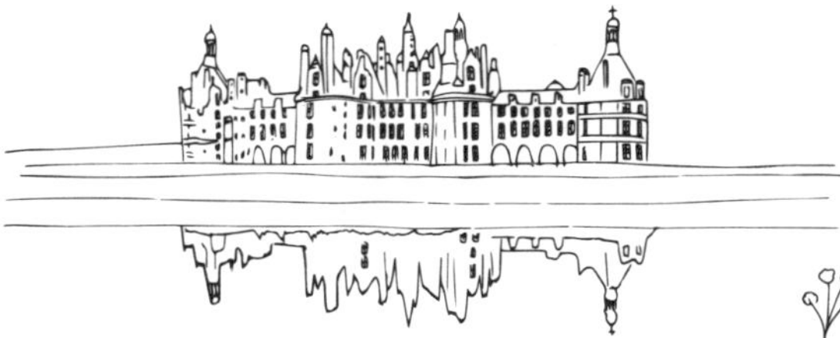

« La vie de Château »

Et toi, lequel choisirais-tu d'habiter ?

ENTOURE L'ÉLU !

Centre - Val de Loire

Le Château de Chambord

41250 CHAMBORD

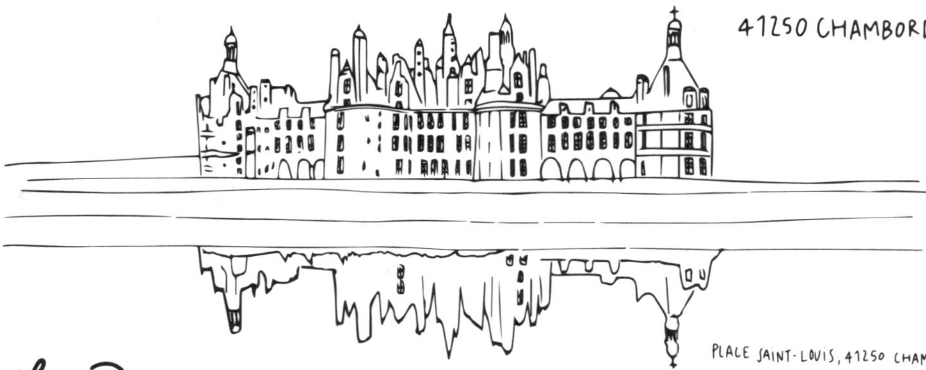

PLACE SAINT-LOUIS, 41250 CHAMBORD

Le Relais de Chambord

- HÔTEL de LUXE -

Prendre son petit-déjeuner avec la vue sur ce somptueux chateau au printemps, c'est le pied !

Château de Villandry

et ses jardins

3 RUE PRINCIPALE, 37510 VILLANDRY

Allez visiter les Châteaux de la Loire, bien entendu !

Les Jardins d'Imbermais

2 IMBERMAIS,
28500 MARVILLE-MOUTIERS-BRÛLE

Marché fermier, cueillette de fleurs et ramasse de légumes.

Les Sources de Cheverny

23 ROUTE DE FOUGÈRE,
41700 CHEVERNY

Loire Valley Lodges

Havre de paix au milieu de la forêt, à proximité des châteaux de la Loire.

1 ALLÉE DE LA DUPORTERIE,
37320 ESVRES-SUR-INDRE

Château de la Haute-Borde

– Chambre d'hôtes – Résidence d'artistes –

Sublime bâtisse, pépite de design et de bonnes ondes

6 HAMEAU DE LA HAUTE-BORDE, 41150 RILLY-SUR-LOIRE

Faïencerie de Gien

Musée de la faïence fondé en 1821 dans un ancien couvent, oeuvres d'art et aperçu de la fabrication

78 PLACE DE LA VICTOIRE, 45500 GIEN

La Maison de George Sand

2 PLACE SAINTE-ANNE,
36400 NOHANT-VIC

CHÂTEAU DE LA FERTÉ SAINT-AUBIN

- jouets anciens -

2-4 RUE DU GÉNÉRAL LECLERC,
45240 LA-FERTÉ-SAINT-AUBIN

Si vous êtes fan de jouets anciens, d'histoires et de belles pierres, comme moi, vous êtes au bon endroit

La Guinguette de Chartres

Aussi appelée "La petite Venise"

Terrasse au bord de l'eau, animations, pédalo... un havre de paix pour petits et grands

48 TER BOULEVARD DE LA COURTILLE, 28630 CHARTRES

L'Orangerie

restaurant gastronomique

CHÂTEAU DE CHENONCEAU,

37150 CHENONCEAUX

O	F	E	P	S	C	I
L	I	Q	L	A	R	U
P	A	R	A	D	I	S
I	D	O	G	B	Q	O
N	O	M	E	R	U	L
Z	N	A	S	O	E	E
U	E	Q	N	C	P	I
T	A	U	R	C	G	L
U	L	I	S	I	O	N
M	R	S	P	U	X	V

Cherche les MOTS suivants :

- fiadone
- soleil
- plages
- paradis
- pinzutu
- brocciu
- crique
- mer
- maquis

Corse

Escapade à Nonza

20217 NONZA

Écrivez des messages ou faites vos plus jolis dessins sur les galets noirs de la Plage de Nonza, prenez ensuite un jus de fruit naturel ou une glace

chez **Milk Caffe**

Enfin, allez admirer le coucher de soleil en buvant un verre ou en dînant sur la terrasse du restaurant

La Sassa.

Virée à Saint-Florent

Prenez le Popeye* pour rejoindre la

Plage du Lodu

puis déjeunez à **La Cabane du Lodu**.

SENTIER DU LITTORAL, 20246 SANTO-PIETRO-DI-TENDA

(*bâteau)

La Vista

Planches à partager, charcuterie, fromages et crudités sur une place animée avec vue sur mer.

IMMEUBLE ANCIENNE POSTE,
20217 SAINT-FLORENT

La Crique

VILLAGE LA CITADELLE, BP 18,
20217 SAINT-FLORENT

bar, restaurant sur la mer

Palazzu Nicrosi

LIEU-DIT VIGNALE,
20247 ROGLIANO

Le Vieux Moulin

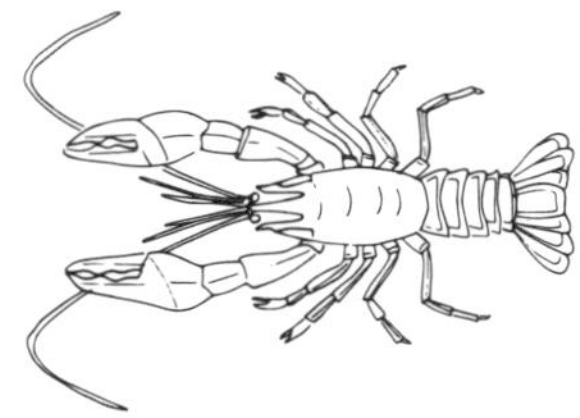

Pâtes aux langoustes vraiment délicieuses et vue incroyable sur le port de Centuri, dans le Cap Corse.

20238 CENTURI

Domaine Mavela

Distillerie entourée de vignes et de vergers
Whiskies, eau de vie de cédrat, de framboise
de vieux muscat, liqueur de myrthe…
Également épicerie fine, laissez-vous porter par
la beauté du lieu et la qualité des produits,
vous ne serez pas déçus.

U LICETTU, 20270 ALÉRIA

Chez Antoine

Produits frais, cadre idyllique et préservé, restaurant les pieds dans l'eau.

TIZZANO, 20100 SARTÈNE

ROUTE DE SAN GRIOLO, 20232 OLETTA

Dîner au Potager du Nebbio

Restaurant en pleine nature, cuisine préparée avec amour avec les fruits et légumes du potager.

Couvent de Pozzo

Chambre et table d'hôtes dans un ancien couvent. Bâtisse immense avec une vue époustouflante sur la mer, superbe piscine et lieux de vie superbement décorés, bref, l'endroit qu'il vous faut pour passer un séjour de rêve.

ROUTE DU COUVENT,
20222 BRANDO

Le Pirate

Baladez-vous dans le village de pêcheurs puis dînez au bord de l'eau pour un moment hors du temps.

LE PORT, 20222 ERBALUNGA

Bo's plage

PLAGE DE CAMPO MAGGIORE, FARINOLE

Bar-restaurant sur la plage, pizzetta et salade les pieds dans le sable.

a Scaletta

restaurant

Pour un déjeuner local typique

4 RUE SAINT-JEAN,
20200 BASTIA

Libertalia

1850 D81, ROUTE DE L'ÉGLISE,
20253 PATRIMONIO

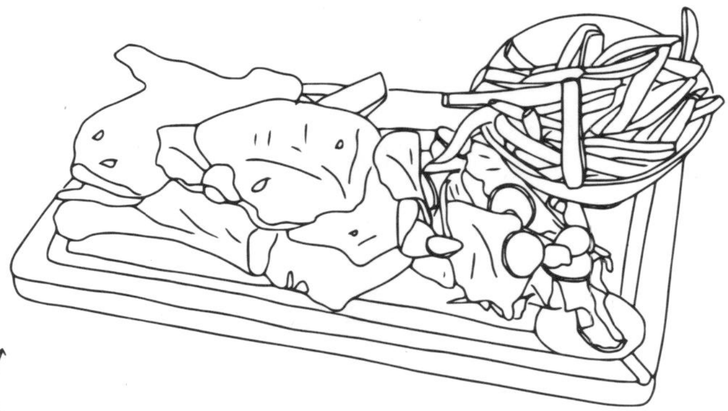

steak, frites et salade

Immense terrasse avec vue sur mer pour un dîner convivial sur des grandes tables en bois massif.

Balade à Ajaccio

Maison Camedda

biscuiterie artisanale 4 RUE MARÉCHAL ORNANO, 20 000 AJACCIO

CANISTRELLI au CITRON

CHATAIGNE & MIEL

VIN BLANC

Noisette de Cervione

Canistrelli à l'amande

Découvrez les DELIZII aux noisettes de Cervioni au vin blanc d'Alzeto ou à la châtaigne et miel.

On y trouve aussi LE biscuit de l'île : le fameux CANISTRELLI arômatisé au citron, à l'anis ou à l'amande.

Billoq

1 RUE DES GLACIS,
20000 AJACCIO

L'endroit à ne pas manquer pour manger les meilleures pâtes aux langoustes du monde ! (oui oui !!)

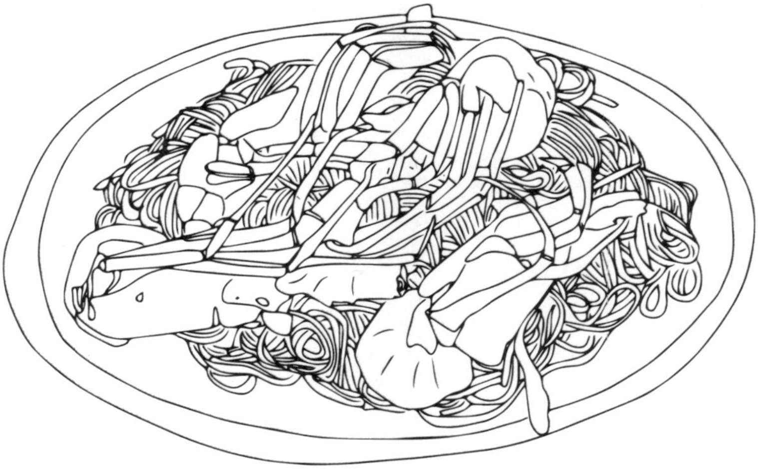

Spaghettis aux langoustes

Le Jardin des Abeilles

Apiculteurs au cœur de la Corse.

BIÈRE au miel

BONBONS au Miel

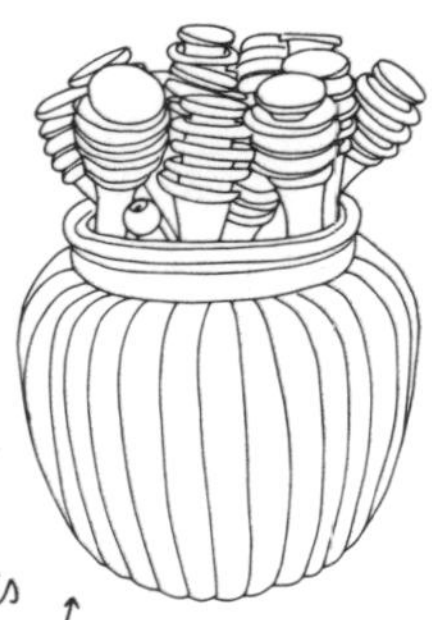

cuillères à miel

MIEL de Châtaigneraie

LE JARDIN DES ABEILLES, 20117 OCANA

...

COCHE LES SPÉCIALITÉS
QUE TU AS GOÛTÉES :

- ☐ Choucroute
- ☐ Kougelof
- ☐ Bouneschlupp
- ☐ Flammekueche
- ☐ Boudin de Nancy
- ☐ Madeleines
- ☐ Vin d'Alsace
- ☐ Quiche lorraine
- ☐ Biscuit de Reims
- ☐ Baba au rhum
- ☐ Champagne
- ☐ Knack ou saucisse de Strasbourg
- ☐ Jambon sec des Ardennes
- ☐ Pâté lorrain
- ☐ Andouillette de Troyes
- ☐ Presskopf
- ☐ Tripes à la mode champenoise
- ☐ Chaource
- ☐ Macaron de Nancy
- ☐ Tot-au-fait
- ☐ Crémant
- ☐ Baeckeoffe
- ☐ Potée lorraine

Grand Est

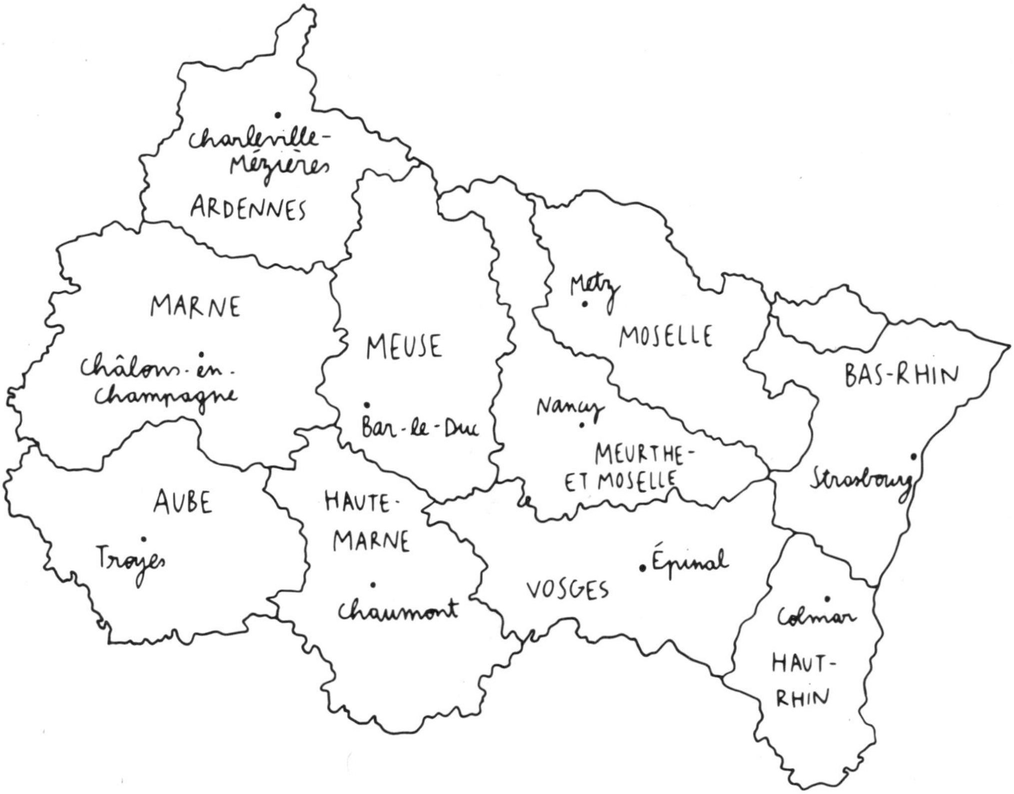
Charleville-Mézières
ARDENNES
MARNE
Châlons-en-Champagne
MEUSE
Bar-le-Duc
Metz
MOSELLE
BAS-RHIN
Nancy
MEURTHE-ET MOSELLE
Strasbourg
AUBE
Troyes
HAUTE-MARNE
Chaumont
VOSGES
Épinal
Colmar
HAUT-RHIN

un week-end à Strasbourg

Blooming Café

Dej, pâtisseries, salon de thé

37 QUAI DES BATELIERS, 67000 STRASBOURG

Le Traiteur Kim

boucherie, charcuterie, traiteur

19 RUE DU 22 NOVEMBRE, 67000 STRASBOURG

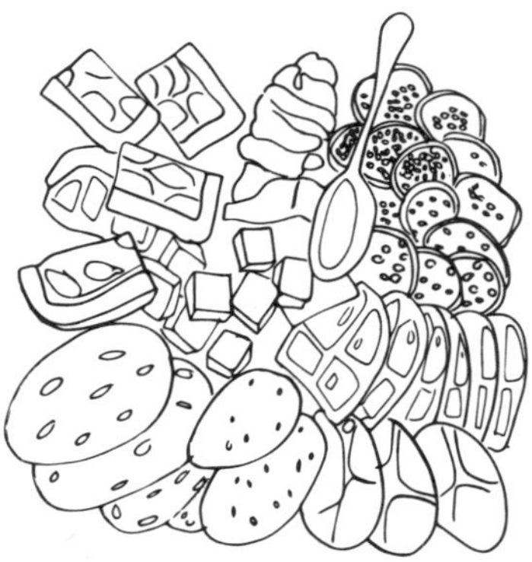

Brasserie les Haras

restaurant gastro

23 RUE DES GLACIÈRES, 67000 STRASBOURG

Porcus charcuterie

– restaurant, charcutier –

6 PLACE DU TEMPLE NEUF, 67000 STRASBOURG

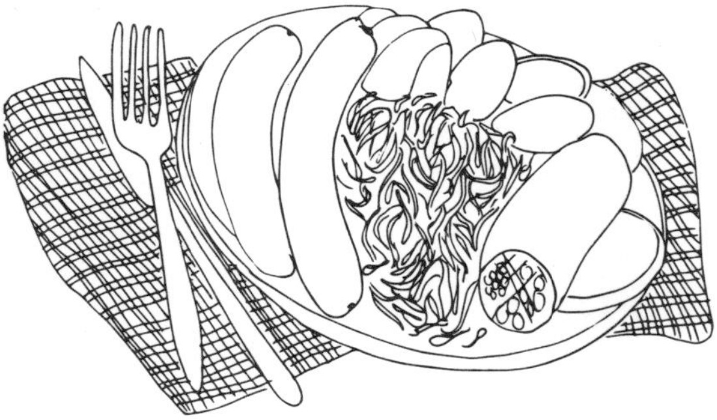

Mireille Oster

La PAPESSE du pain d'épices

44 variétés et parfums différents fabriqués de façon artisanale

Incontournable !

14 RUE DES DENTELLES
ou 17 RUE DES MOULINS,
67000 STRASBOURG

Au Pain de mon Grand-père

pour manger les meilleurs bretzels !

1 RUE DES HALLEBARDES,
67000 STRASBOURG

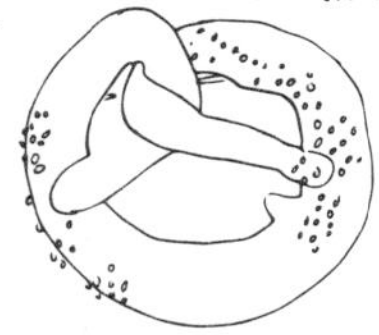

Thierry Mulhaupt

pâtissier, chocolatier

18 RUE DU VIEUX MARCHÉ AUX POISSONS, 67000 STRASBOURG

…

Muensterstuewel

Winstub, spécialités alsaciennes.

8 PLACE DU MARCHÉ-AUX-COCHONS-DE-LAIT,
67000 STRASBOURG

La Corde à linge

RESTAURANT

ATELIER
LA CORDE À LINGE
RESTAURANT DE QUALITÉ

MERCERIE FAMILIALE
LA CORDE à linge
BRASSERIE et RESTAURANT

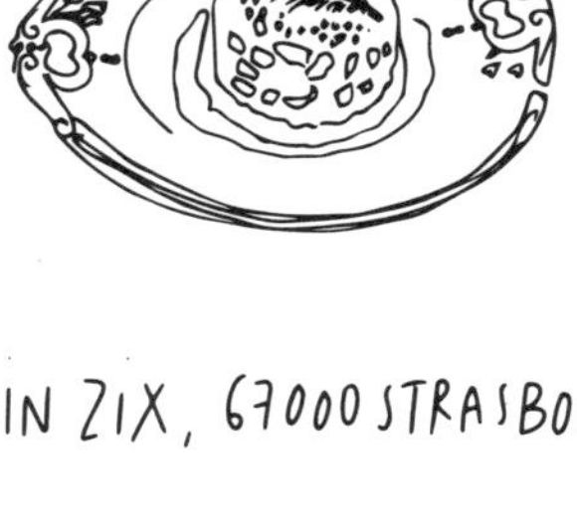

2 PLACE BENJAMIN ZIX, 67000 STRASBOURG

Maison Ferber

confitures

La reine de la confiture !

18 RUE DES TROIS-ÉPIS, 68230 NIEDERMORSCHWIHR

Café Potager

5 RUE DES FRANCS-BOURGEOIS,
67000 STRASBOURG

Musée Tomi Ungerer

2 AVENUE DE LA
MARSEILLAISE,
67000 STRASBOURG

L'Alchémille

De l'élégance et du végétal dans l'assiette, ça vaut le coup de faire des kilomètres pour y aller ! Du beau, du bon et des fleurs au menu.

53 ROUTE DE LAPOUTROIE,
68240 KAYSERSBERG

MOTOCO

Lieu de production artistique et centre culturel.

Résidence d'artistes, friche industrielle, guinguette, expositions : de l'art comme j'aime

BÂTIMENT 75,
13 RUE DE PFASTATT,
68200 MULHOUSE

Le Garde-Champêtre

POTAGER, FERME, RESTAURANT

et auberge branchée et chaleureuse

Gros gros coup de cœur, cet endroit réunit vraiment tout ce que j'aime.

ROUTE DES RICEYS,
10250 GYÉ-SUR-SEINE

Balade à Reims

Maison Mumm

– cave et boutique –

34 RUE DU CHAMP DE MARS,
51100 REIMS

Chez Jérôme

restaurant

23 RUE DE TAMBOUR,
51100 REIMS

le Perching bar

À plus de 10 mètres de haut
endroit magique et
exceptionnel pour boire
une coupe de champagne

ARBOXYGÈNE –
FORÊT DE BRISE CHARRETTE, 51380 VERZY

Racine

- restaurant franco-japonais

Racine 根

6 PLACE GODINOT,
51100 REIMS

Bazarine

décoration

34 RUE DU JARD,
51100 REIMS

Maison de Champagne Moët & Chandon

20 AVENUE DE CHAMPAGNE, 51333 EPERNAY

...

Halles centrales de Boulingrin

MARCHÉ

50 RUE DE MARS,
51100 REIMS

L'Épicerie Au Bon Manger

Charcuterie, fromage, vin éthique et plats cuisinés aux épices à goûter sur des tables de dégustation.

7 RUE COURMEAUX, 51100 REIMS

Les Penates Home

– 2 superbes guesthouses à louer –

Tellement fan de sa belle déco !

8 RUE DES FILLES-DIEU, 51100 REIMS

Le Coq Rouge

- caviste -

65 RUE CHANZY, 51100 REIMS

Allez prendre un BRUNCH au Court 1920

Restaurant du tennis/club de la ville

15 RUE LAGRIVE, 51100 REIMS

Biscuiterie Fossier

20 RUE MAURICE PREVOTEAU, 51100 REIMS

Domaine Vranken Pommery

5 PLACE DU GÉNÉRAL GOURAUD, 51100 REIMS

Colmar

Musée du Jouet

40 RUE VAUBAN, 68000 COLMAR

La Fromagerie Saint-Nicolas

Fromagerie mythique qui propose une sélection de plus de 400 fromages dont le célèbre MUNSTER

18 RUE SAINT-NICOLAS, 68000 COLMAR

Metz

Maison Alsacienne de Biscuiterie

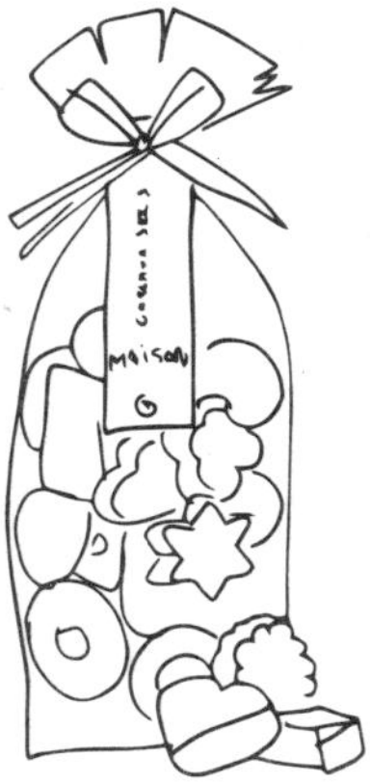

Spécialités sucrées d'Alsace, pain d'épices, macarons et autres délicieuses sucreries.

4 RUE DU GRAND CERF, 57000 METZ

Le Jardin Botanique

et sa SERRE en brique et métal

Sublime !

27 RUE DU PONT À MOUSSON,
57950 MONTIGNY-LÈS-METZ

As-tu goûté les Merveilleux ?

Ce sont de délicieuses pâtisseries faites de meringues enrobées de crème fouettée, aussi légères qu'un nuage.

L'Incroyable

Le Sans-Culotte

Le Magnifique

L'Impensable

À déguster ABSOLUMENT aux Merveilleux de Fred.

LILLE, NANCY, ST OMER
ou encore LYON, PARIS,
BORDEAUX, METZ, NANTES...

Hauts-de-France

Château de Compiègne

MONUMENT HISTORIQUE

Ancienne résidence royale et impériale construite entre 1751 et 1788, dans laquelle plusieurs monarques se sont succédés : Clovis Ier, Charles II le Chauve, Charles V le Sage et enfin Louis XV.

PLACE DU GÉNÉRAL DE GAULLE,
60200 COMPIÈGNE

La Cueillette de Duvy

1 RUE DE SENLIS,
60800 DUVY

Lieu où chacun peut venir cueillir et ramasser ses fruits et légumes de saison directement dans les champs : le bonheur absolu !

Château de Raray

4 RUE NICOLAS DE LANCY,
60810 RARAY

Magnifique demeure où a été tourné le cultissime "La Belle et la Bête" de Jean Cocteau

Pieux - Alexandre Gauthier

1 RUE DES ÉTUVES, 62170 MONTREUIL

Les nouvelles chambres d'hôtes d'Alexandre Gauthier, dans le même village que La Grenouillère. Les prix sont plus abordables mais les détails sont aussi soignés. Un autre voyage.

La Grenouillère
Alexandre Gauthier

Vous devez passer une nuit dans leurs huttes et dîner dans le restaurant gastronomique incroyable. Faites attention aux détails, aux jolis emballages, aux subtilités de la cuisine.

C'est THE PLACE TO BE !

D'ailleurs, j'espère bien y retourner très vite !

19 RUE DE LA GRENOUILLÈRE,
62170 LA MADELAINE-SOUS-MONTREUIL

Coucoo cabane

1 RUE JEAN COCTEAU, CHÂTEAU DE RARAY, 60810 RARAY

Pour passer une nuit dans une cabane au milieu d'un lac. Le kiff !

Promenade à Roubaix

Food - La Cantine

Pour des plats frais, sains, locaux et colorés dans un lieu super cosy.

27 RUE DE L'ESPÉRANCE,
59100 ROUBAIX

La Piscine

MUSÉE D'ART ET D'INDUSTRIE

André Diligent

23 RUE DE
L'ESPÉRANCE,
59100 ROUBAIX

Musée splendide, installé dans une ancienne piscine Art-déco où l'on peut admirer des collections composites d'arts appliqués et de beaux arts.

La Villa Cavrois

60 AVENUE DU PRÉSIDENT
JOHN FITZGERALD KENNEDY,
59170 CROIX

Maison classée aux Monuments Historiques.
Elle a été conçue par l'architecte ROBERT MALLET-STEVENS

suite à une commande de Paul Cavrois,
grand nom de l'industrie textile de Roubaix.

Construite entre 1929 et 1932, cette maison
est un véritable chef-d'œuvre de l'architecture
moderniste.

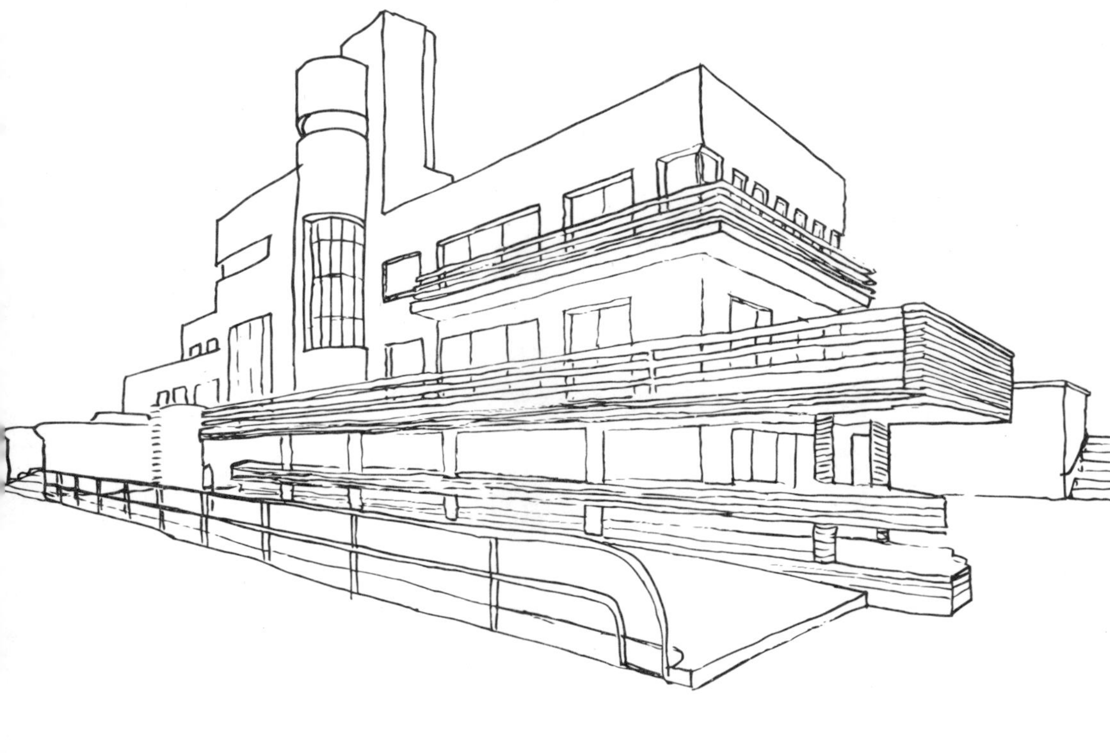

Balade à Lille

Oum Falafel

1 RUE CHARLES QUINT,
59800 LILLE

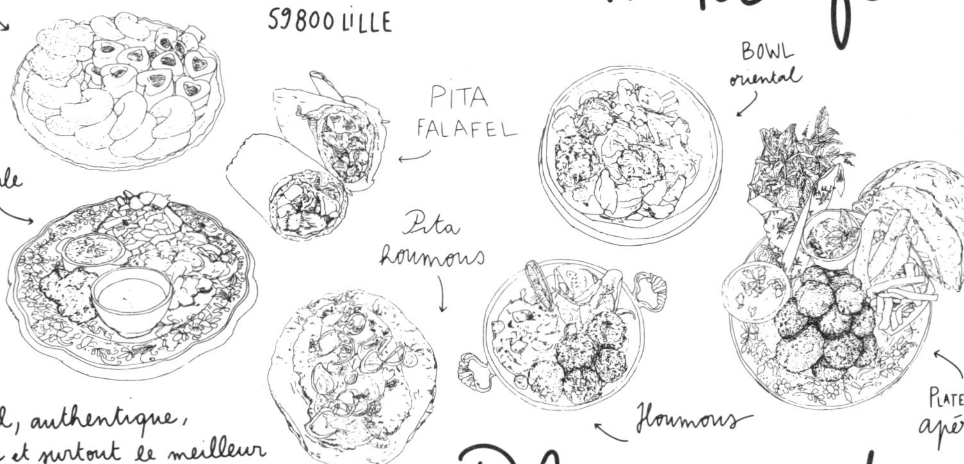

Convivial, authentique, pas cher et surtout le meilleur HOUMOUS de la ville !

Bloempot

cuisine flamande

La cuisine du chef Florent Ladeyn, bobo comme il faut et surtout tellement bon !

22 RUE DES BOUCHERS,
59800 LILLE

Pensez à réserver à l'avance.

Le Barboteur

90 QUAI DE L'OUEST,
59000 LILLE

restaurant

Installez-vous sur la terrasse, en face des péniches de la Gare d'Eau et régalez-vous de plats créatifs et savoureux.

FONDANT CHOCO-POIRE ET CARAMEL BEURRE SALÉ

Burrata & Pickles de fraises de Verlinghem

Maigre sauvage, mousseline de carottes et frites d'aubergines

SABLÉ BRETON, nemelaka chocolat dulcey et CACAHUÈTES

Coffee Makers

151 RUE PIERRE MAUROY,
59800 LILLE

Espresso bar, salon de thé et torréfacteur. Belle sélection de thés + la formule déjeuner est parfaite !

• • •

Maison jaja

petite soeur de JAJA,
bar à vin aux planches
à partager de dingue !

sandwichs
et épicerie

25 BOULEVARD
CARNOT, 59800 LILLE

Bec à Sucre

Avis à tous les
GOURMANDS

bar à desserts
de folie !

15 RUE SAINT-JACQUES,
59800 LILLE

CHOCOLAT/
NOISETTE

Abricot

Pavlova
aux fruits
rouges

RELIGIEUSE
AU SPECULOOS

Chocolat
Valrhona

CAFÉ

Papa Famiglia

PAPÀ RAFFAELE
& PAPÀ POSTO

pizzeria
100% NAPOLITAINE

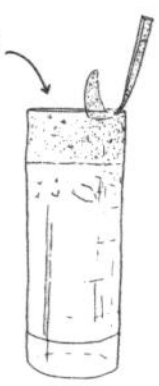

Produits directement importés d'Italie pour des pizzas cuites au feu de bois, à + de 500°C ! Prenez un spritz et un gelato en dessert, vous êtes (presque) en Italie ! BUON APPETITO !

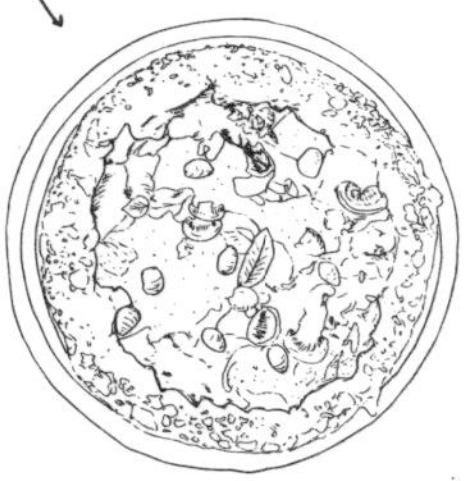

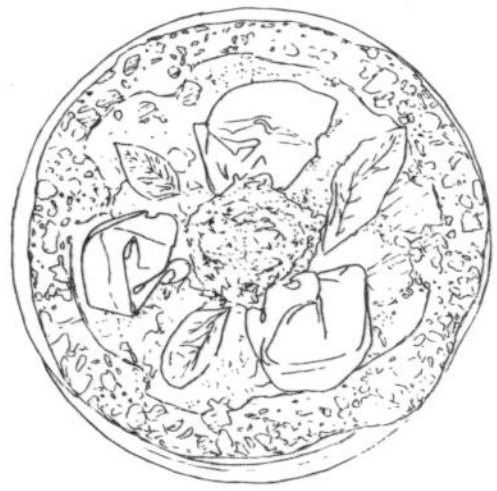

16 bis PLACE DU LION D'OR + 5 RUE SAINT JACQUES, 59000 LILLE

Mouflette

Magasin d'ameublement
et de décoration

+ ATELIERS CRÉATIFS

62 RUE
PASTEUR,
59 110 LA MADELEINE

...

138 AVENUE
DE L'HIPPODROME,
59130 LAMBERSART

La Laiterie

restaurant gastro qui propose aussi des PANIERS PIQUE-NIQUE à emporter.

Marin d'eau douce

BASE NAUTIQUE

2 AVENUE MATHIAS DELOBEL, 59800 LILLE

MARIN · D'EAU DOUCE

Pour louer un petit bateau électrique sans permis et se balader sur la Deûle.

Méert

25-27 RUE ESQUERMOISE,
59000 LILLE → adresse d'origine

PÂTISSERIE

"Gourmandise iconique de la Maison depuis 1849, la gaufre Méert, pâtisserie briochée garnie d'une pâte à la vanille de Madagascar, vous entraînera avec délices au pays de la douce gourmandise"

crème de marrons

L'Impérial

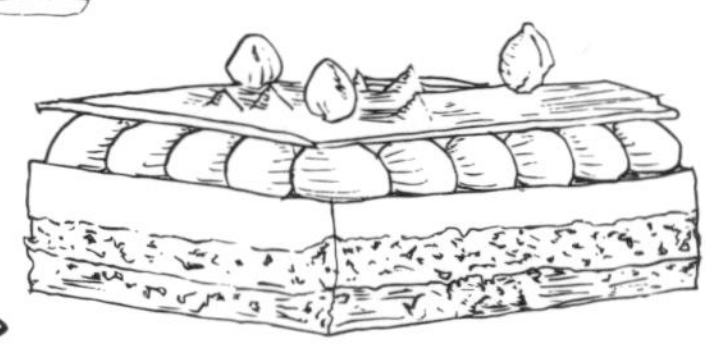

MILLE FEUILLES

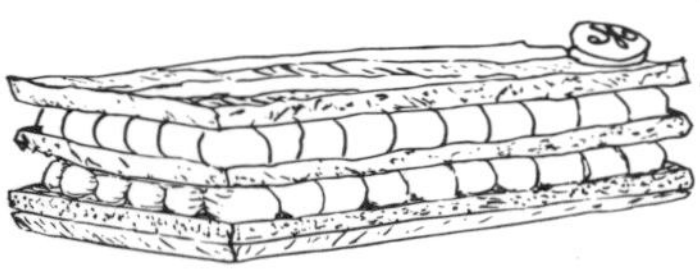

Confiture ORANGE - RHUM - VANILLE

COLLE ICI LE SACHET DE TA GAUFRE

GAUFRES traditionnelles

Saint Honoré

CONFITURE de FIGUES

GRAND MERVEILLEUX

...

Bernard & Léon

3 BIS RUE DE LA CLEF, 59800 LILLE

BOWL LÉON

Chou Pinon (CHOU À LA CRÈME AU CARAMEL)

BOWL MICHELINE

Winnie Pie (OU TARTE AU CITRON MERINGUÉE)

Idéal pour le déj - pâtisseries et bowls hyper bons !

TINTINOU (OU TARTE TATIN)

Tartelette aux fruits rouges

Le Vagabond

Restaurant du chef NICOLAS POURCHERESSE

112 RUE SAINT-ANDRÉ, 59000 LILLE

Cuisine originale et audacieuse, produits issus de son jardin situé dans les environs de Lille

Récupère la carte de visite !

Sucre d'Or

64 RUE FAIDHERBE,
59260 LILLE

Pour manger de véritables gaufres liégeoises.

Babe

boire, manger

BONNES VIANDES
BONNES BIÈRES

produits locaux et de saison

8 RUE DE L'HÔPITAL MILITAIRE,
59800 LILLE

...

Little and Tall
FAMILY CONCEPT
9&14 RUE BARTHOLOMÉ MASUREL, 59800 LILLE
ou l'endroit rêvé pour faire son shopping
BLOUSE femme POUDRE ORGANIC
PARC DES BUTTES-CHAUMONT
kerzon
BOUGIE Kerzon
barette NOEUD
suspension en cannage
fauteuil EN ROTIN
BOUCLES D'OREILLES coquillages
BARBOTEUSE
ZETA BABY
body
Fauteuil HONORÉ DÉCO
COMBINAISON
Collier charlotte
pochette QUILTEE
Béguin
BOÎTE à BIJOUX
GEL à paillettes POUR LE CORPS
vase
Robe

L'Ogre de Carrouselberg

pâtisserie fine × Bar à gâteaux

17 RUE DES VIEUX MURS, 59800 LILLE

Village des Antiquaires

22 AVENUE DU MARÉCHAL DE LATTRE DE TASSIGNY, 59350 SAINT-ANDRÉ-LEZ-LILLE.

THE PLACE TO BE pour chiner à Lille...

Oxalis & Bergamote
44 RUE D'ANGLETERRE, 59800 LILLE
Salon de pâtisseries, et le dimanche brunch végé sur place ou à emporter, sous forme de panier.
COOKIE TAHINI, SÉSAME ET VANILLE
MATCHA LATTE
Brioche roulée, CRÈME PÂTISSIÈRE + PÉPITES DE CHOCOLAT
cookies
BRIOCHE ROULÉE noisette, chocolat
Tartelette CHOCOLAT NOIR & KASHA graine de sarrasin grillé
Brunch végétarien À EMPORTER
CHAÏ LATTE
FINANCIERS fourrés au caramel au beurre salé

Auberge du Vert Mont

1318 RUE DU MONT NOIR,
59299 BOESCHEPE

Autre adresse du chef Florent Ladeyn, où "la nature se met à table pour vous faire plaisir en toute simplicité".

Vous pouvez aussi dormir sur place en réservant une chambre dans l'Auberge pour faire durer le plaisir et profiter des délicieux petits-dej le lendemain matin

L'AUBERGE APPARTIENT À LA FAMILLE Ladeyn DEPUIS LES ANNÉES 80

Le Bruit de l'Eau

HÔTEL INSOLITE, ÉCOLODGE

1 CHEMIN DES MATELOTS,
80120 SAINT-QUENTIN-EN-TOURMONT

Réservez à l'avance votre BENTO (= plateau-repas à la japonaise) et filez admirer le coucher de soleil dans les dunes avant de rentrer vous mettre au chaud dans votre maisonnette sur l'eau. Magique !

Les Cabanes de Cayeux sur Mer

Allez découvrir et admirer les cabines de plage de Cayeux. Il y en a plus de 400 et elles ont toutes un charme fou ! Baladez-vous au bord de l'eau et laissez-vous porter par les vagues, admirez les galets bleus et prenez une grande bouffée d'air marin.

COLORIE LES CABANES

Petit tour en Baie de Somme

Faire un tour en **train à vapeur** avec les Chemins de fer de la Baie de Somme. Embarquez à bord de vieux wagons en bois et descendez à Saint-Valéry-sur-Somme, Cayeux-sur-Mer ou Le Crotoy pour profiter de la mer.

QUAI PERRÉE,
80230 SAINT-VALÉRY-SUR-SOMME

Espace Equestre Henson

24H de bivouac à cheval : balade ÉQUESTRE l'après-midi suivie d'un DÎNER autour d'un feu de bois et d'une NUIT À LA BELLE ÉTOILE

ou

Promenade découverte en attelage 46€

ou Découverte du Château de Chantilly à dos de cheval !

ou

Déjeuner équestre dans les DUNES

34 CHEMIN DES GARENNES,
80120 SAINT-QUENTIN-EN-TOURMONT

PARC ORNITHOLOGIQUE DE MARQUENTERRE

+300 espèces d'oiseaux migrateurs

Véritable refuge des OISEAUX migrateurs, le parc se trouve au cœur de la Réserve Naturelle de la Baie de Somme : 200 hectares de DUNES, FORÊTS ET MARAIS

3 parcours de BALADE

PARC DU MARQUENTERRE,
25 BIS CHEMIN DES GARENNES,
80120 SAINT-QUENTIN-EN-TOURMONT

12 POSTES D'OBSERVATION

* Rendez-vous au PHARE DE HOURDEL pour observer les phoques en CANOE avec le club de kayak de la BAIE DES PHOQUES

Dormez **Au Vélocipède** -chambre d'hôtes- pour parfaire cette escapade

1 RUE DU PUITS SALÉ, 80230 SAINT-VALÉRY-SUR-SOMME

La Playlist du TOUR de FRANCE

* Brigitte Bardot, « Coquillages et crustacés » *

* Jacques Brel, « Vesoul » *

« DO YOU DO YOU SAINT TROPEZ »

* CHARLES TRÉNET, « Douce France » *

* Claude Nougaro, « Toulouse » *

* MICHEL DELPECH, « Le Loir et Cher » *

* BARBARA, « Nantes » *

* Miossec, « Brest » *

* Georges Brassens, « Supplique pour être enterré à la plage de Sète » « Carcassonne » et « Chanson pour l'Auvergnat » *

* Benjamin Biolay, « Lyon Presqu'île » *

* HENRY SALVADOR, « À Cannes, cet été » *

* Pascal Obispo, « Tombé pour elle » *

* SERGE GAINSBOURG, « aux armes et cætera » *

* Mireille Mathieu « Made in France » *

* Étienne Daho, « Tombé pour la France » *

* IAM, « Je danse le Mia » *

* Laurent Voulzy, Belle-Île-en-mer, Marie Galante » *

* DALIDA, « Rendez-vous au Lavandou » *

* Bouga, « BELSUNCE BREAKDOWN » *

* Francis Cabrel, « Azincourt » *

* Alain Souchon, « Le Baiser » *

* Michel Polnareff, « Lettre à France » *

* FAMILLE Chedid « BOUC BEL AIR » *

* Vincent Delerm, « Châtenay malabry » *

* Trois cafés gourmands, « à nos souvenirs » *

* AKHENATON, « Bad boys de Marseille » *

* Françoise Hardy, « à Vannes » *

Île-de-France

1. HAUTS-DE-SEINE
2. VAL-DE-MARNE
3. SEINE-SAINT-DENIS

virée à Versailles

TEATIME au Trianon Palace

Se prendre pour une princesse à l'heure du thé

1 BOULEVARD DE LA REINE, 78000 VERSAILLES

Le Potager du Roi

10 RUE DU MARÉCHAL JOFFRE, 78000 VERSAILLES

Pierre et Tim Cookies

9 PASSAGE SAINT-PIERRE, 78000 VERSAILLES

SEINE-ET-MARNE

La Forêt de Fontainebleau

Munissez-vous de vos bottes, d'un panier et d'un couteau à champignons, embarquez votre pique-nique et montez À L'AVANT de la LIGNE R* le week-end (10H16 ou 11H16) et descendez à l'arrêt "FORÊT". Vous atterrissez donc en pleine forêt et vous avez à portée toutes sortes de champignons : dépaysement garanti ! NB : Pour le retour, il vous faudra marcher jusqu'à l'arrêt précédent, le RER ne s'arrêtera pas pour vous récupérer !

* transilien à la Gare de Lyon

Attention ! L'arrêt n'est pas indiqué, il faut descendre juste après la Gare de BOIS-LE-ROI !

La Cité Fertile

14 AVENUE EDOUARD VAILLANT, 93500 PANTIN

Galerie Thaddaeus Ropac

69 AVENUE DU GÉNÉRAL LECLERC, 93500 PANTIN

La Folie Barbizon

restaurant,
hôtel,
résidence d'artistes

5 GRANDE RUE, 77630 BARBIZON

Résidence d'artistes, chambre d'hôtes, bonne humeur... une belle atmosphère "comme à la maison" d'où on ne veut plus partir

Le Barn Hôtel

LE MOULIN DE BRÉTIGNY,
78830 BONNELLES

Simplicité et élégance à 45 minutes de Paris

Les Fermes de Gally

Faire son pain, caresser les animaux, faire son marché et passer par l'épicerie, aller voir les poules et le potager ou encore faire un tour par la boutique de déco...
Bref, l'endroit parfait pour les parisiens en manque de verdure et de grand air.

ROUTE DE BAILLY, 78210 SAINT-CYR-L'ÉCOLE

le Château de Rosa Bonheur

Katherine Brault a redonné vie au château de l'artiste Rosa Bonheur et a imaginé une offre culturelle inédite et métissée : atelier, musée, art et jardin, festivals, salon de thé, librairie, chambre d'hôtes...
Allez faire un tour dans ce lieu inspiré et vivant.

Musée, hôtel

12 RUE ROSA BONHEUR, 77810 THOMERY

La Roseraie de Provins

Allez boire un thé au milieu des roses

11 RUE DES PRÉS,
77160 PROVINS

jardin, salon de thé

LA CUEILLETTE DU PLESSIS

Pour ramasser ses fruits et légumes de saison

RUE DE LA CUEILLETTE,
77600 CHANTELOUP-EN-BRIE

La Grange Saint-Martin

– MAISON D'HÔTES –

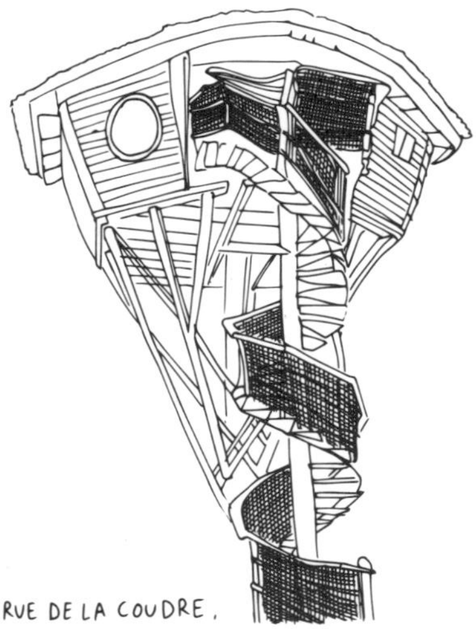

39 RUE DE LA COUDRE,
77590 FONTAINE-LE-PORT

La Guinguette sur l'Île de Platais

ÎLE DE PLATAIS,
78670 MEDAN

Au bout du verger

– gîte singulier –

7 chambres confortables et joliment décorées, un espace de co-working, une cuisine mutualisée, une immense terrasse avec vue sur les champs environnants et une salle de jeux à partager avec un babyfoot, une table de ping-pong ou encore des tapis de yoga.

18 RÉSIDENCE DE LA COQUETIÈRE, 91470 LES MOLIÈRES

Quand tu entends

"Normandie",

tu penses :

- ☐ Camembert, pont l'évêque, crème fraîche et tarte tatin
- ☐ VIKINGS, JEANNE D'ARC ET DÉBARQUEMENT
- ☐ Vaches, prairies et champs de pommiers
- ☐ CIDRE, CALVA ET TROU NORMAND

NORMANDIE

SEINE-MARITIME
Rouen
MANCHE
Saint-Lô
Caen
CALVADOS
EURE
Évreux
ORNE
Alençon

Balade à Granville

l'envolée
GRANVILLE

L'Envolée

10 PLACE CAMBERNON,
50400 GRANVILLE

Faites un tour dans cette jolie boutique de créateurs installée dans une ancienne boucherie. Objets choisis par l'adorable et talentueuse Julie. Gravures, sérigraphies uniques, céramiques et petits objets...

ASSIETTE

BROCHES

OISEAUX en porcelaine

Puis buvez un verre à **La Rafale**, 6 place Cambernon

puis passez dans la rue juste derrière pour rejoindre la **plage de la Grève du Nord**.

Admirez la Manche et, par temps clair, les **Îles Chausey**. Empruntez les escaliers contre la falaise pour une baignade authentique.

Continuez la promenade vers le **Plat Gousset** en passant par le SENTIER CÔTIER et le **Casino de Granville**.

+ Ne manquez pas la **Maison Dior**, musée du célèbre couturier et ses jardins avec vue sur la mer

On surplombe la mer et on a une vue imprenable sur les îles voisines, magique à l'heure où le soleil décline.

Grignotez un morceau chez **Dame Gourmande**

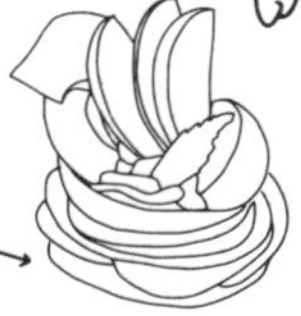

pavlova aux FRUITS D'ÉTÉ

Cheesecake NOIX DE COCO ET MANGUE

2 RUE GÉNÉRAL PATTON, 50400 GRANVILLE

Passez par les **Halles du Marché** uniquement le SAMEDI MATIN

RUE ERNEST LEFRANT, 50400 GRANVILLE

pour trouver des produits locaux, des galettes-saucisses et autres crêpes.

BARBARA SCHULL

Remontez par la rue des Juifs, remplie de jolies boutiques de créateurs : **MaliBali Home** (CRÉATEURS & DÉCO),

POCHETTES en cuir - La Benjamine

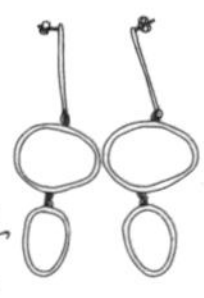

BOUCLES D'OREILLES canopée d'Eloïse Fiorentino

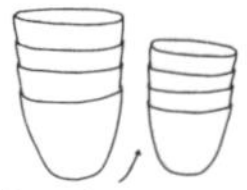

PHOTOPHORES en porcelaine

COUPELLES en porcelaine émaillée de PIERRETTE FERRET

Colle la carte de visite !

Clémentine Céramique,

tasse

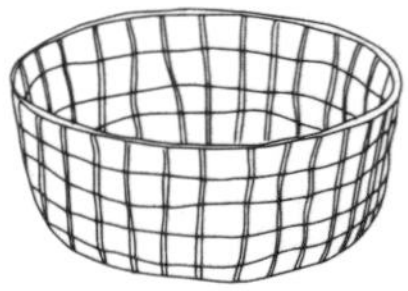

BOL en terre

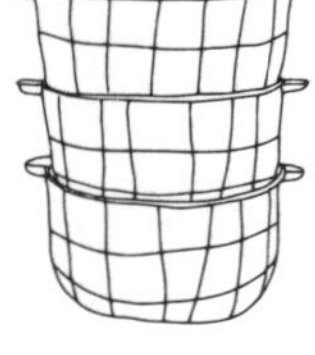

BOLS à OREILLES

Sylvain Allavre (PEINTRE),

la librairie *Le Détour*...

PROMENADE dans le Perche

Chez les voisins

7 PLACE DE LA RÉPUBLIQUE, 61130 BELLÊME

décoration, brocante

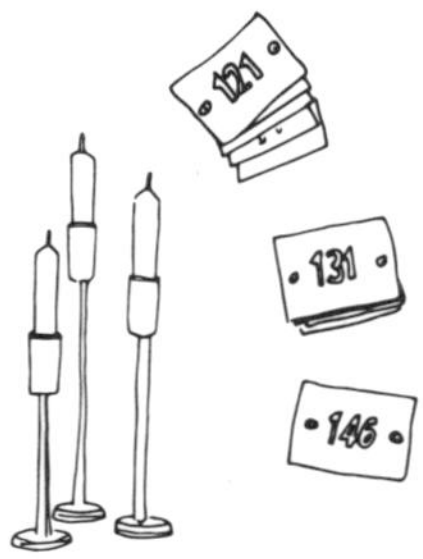

Brasserie du Perche

MOULIN DE BROTZ, 61290 L'HÔME - CHAMONDOT

Réinvente le concept des micro-brasseries traditionnelles. Auberge où l'on peut boire une bière ou du jus de pomme et faire du pédalo en libre-service sur le lac. Pendant la haute-saison, ne manquez pas le barbecue du dimanche de mon cousin, trop sympa !

brocantes

la brocante du Perche

21 RUE DU COLONEL GUÉRIN, 61400 MORTAGNE-AU-PERCHE

Creat & Broc

5 PLACE DU DR GIREAUX, 61340 PERCHE-EN-NOCÉ

DÉCO, BROCANTE

– ouvert du vendredi au dimanche –

Brocante de Bâlines

ROUTE NATIONALE 12,
LES PETITES TUGÈRES
27130 BÂLINES

La Maison Désinvolte

5 GRANDE RUE,
61560 BAZOCHES-SUR-HOENE

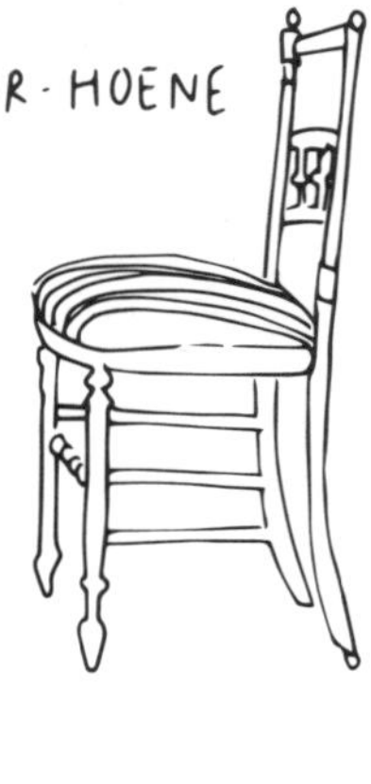

Brocante de Saint-Maurice-lès-Charencey

38 RUE DE PARIS,
61190 CHARENCEY

...

Maison Maleyrand

- chambre d'hôtes -

19 RUE DES DÉPORTÉS,
61400 MORTAGNE-AU-PERCHE

Demeure bourgeoise du 18e siècle, magique et chaleureuse, on ne sait plus où poser son regard parmi tous ces beaux objets

D'Une Île

Maison et table d'hôtes au ♡ du Parc National du Perche

L'équipe du Septime à Paris s'est installé dans le Perche pour notre plus grand bonheur
Petit paradis sur terre !
Pensez à réserver

L'AUNAY, 61110 RÉMALARD-EN-PERCHE

Chocolaterie Bataille

14 BOULEVARD
BANSARD DES BOIS,
61130 BELLÊME

CHOCOLAT CHAUD

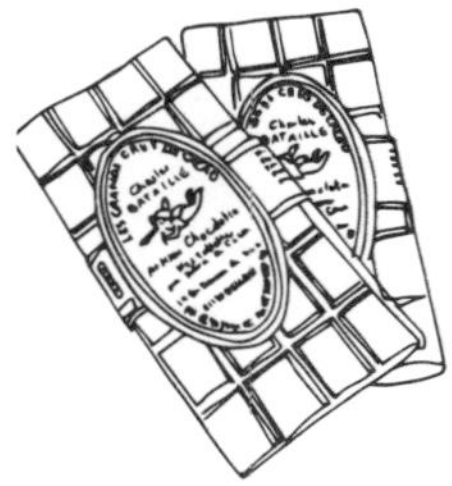

Tablettes de chocolat

PÂTISSERIES

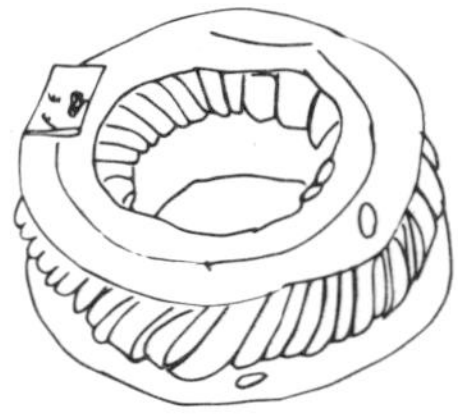

PÉPITES de CHOCOLAT

Chez nous Campagne

Brocante, boutique de créateurs, salon de thé et hébergement

LES JONCHERETS,
61190 TOUROUVRE-AU-PERCHE

Faites un tour au **Marché de Verneuil-sur-Avre**

La vie en rouge

- CAVISTE -

31 RUE SAINTE-CROIX,
61400 MORTAGNE-AU-PERCHE

Maison et Jardin de Claude Monet

84 RUE CLAUDE MONET,
27620 GIVERNY

MAISON CÉRONNE

Maison, table et hôtel de campagne

LA GILBERDIÈRE, 61380
SAINTE-CÉRONNE-LÈS-MORTAGNE

Les dîners du potager de Georgina

CONTACTEZ
Armand Billon
au 06.23.35.31.62

LE CHÂTEAU DE CHAMPS,
61190 TOUROUVRE-AU-PERCHE

De JUIN à SEPTEMBRE
sur réservation

country lodge

Domaine de cabanes

HAMEAU LES ÉPASSES, 61290
MOULICENT

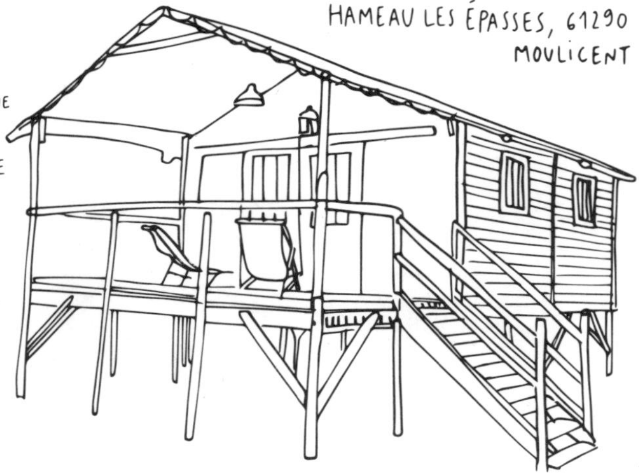

Oiseau - Oiseau

Le nouveau resto de l'ancien chef du Saturne à Paris, Sven Chartier et sa femme, Marianne Chartier.

Restaurant et cave à vin :
jeudi, vendredi et samedi,
déjeuner et dîner sur réservation.

Ouverture en mai 2021 – 5 PLACE SAINT-GERMAIN, 61340 PRÉAUX-DU-PERCHE

• • •

Le Jardin du Coudray

61220 LALANDE-SUR-EURE

Un jardin extraordinaire tenu par l'artiste Lio Hélix. Un petit havre de paix ouvert sur rendez-vous et surtout au printemps, of course!

La Petite Boissière

– gîte –

Gîte, chambre et table d'hôtes tout près de Paris, tenu par des amis très proches, Kate et Philippe. Vous ne serez pas déçus, j'y passe ma vie!

Embrassez-les de ma part.

27320 SAINT-GERMAIN-SUR-AVRE

Après l'école

Lieu de partage et de rencontre dans une ancienne école : laissez vos enfants jouer dans la cour pendant que vous partagez une planche de charcuterie et fromages et une bonne bouteille de vin.

3 PLACE SAINTE-JULIETTE,
61130 SAINT-CYR-LA-ROSIÈRE

La maison d'Horbé

– salon de thé, brocante –

LA GRANDE PLACE – LA PERRIÈRE,
61360 BELFORÊT-EN-PERCHE

La Ferme du Bec Hellouin + l'Abbaye

1 SENTE DU MOULIN AU CAT,
27800 LE BEC-HELLOUIN

Au coeur d'une ferme bio, des formations innovantes, pour relier les êtres humains à la terre.

Les Jardins de la Voie Romaine

Roseraie de Morailles

– Atelier sirop de rose –

1 RUE ANDRÉ EVE, 45300 PITHIVIERS-LE-VIEIL

Le château du Champs de Bataille

– Jacques Garcia –

8 ROUTE DU CHÂTEAU,
27110 SAINTE-OPPORTUNE-DU-BOSC

La Maison Plume

Passez une nuit dans une des chambres au charme infini au cœur de cette maison à l'âme chaleureuse et prenez votre petit-dej avec vue sur la Seine.

1 RUE ERNEST BINET,
76490 RIVES-EN-SEINE

balade entre

Trouville & Deauville

Les Vapeurs

- brasserie -

Pour manger des moules-frites.

La mer la plus proche de Paris, une pause dépaysante et exaltante pour les citadins en manque d'iode et d'air marin.

160 BOULEVARD FERNAND MOUREAUX,
14360 TROUVILLE-SUR-MER

Promenez-vous autour des

CABINES de PLAGE

de Gouville-sur-Mer

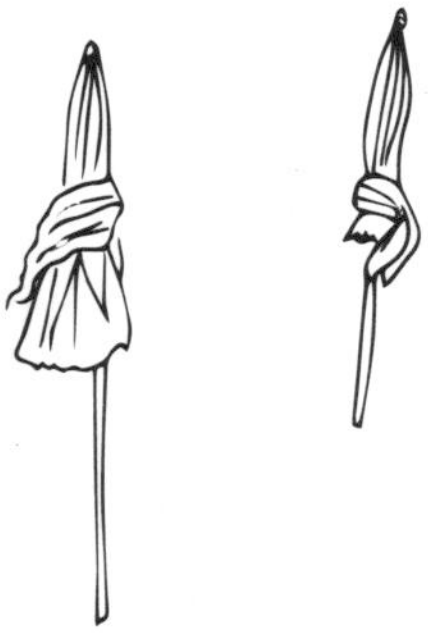

Brunch sur la terrasse de la Villa Gypsy

65 RUE DES BAINS,
14360 TROUVILLE-SUR-MER

Le Marché aux poissons

Lieu typique traditionnel et incontournable

152 BOULEVARD FERNAND MOUREAUX,
14360 TROUVILLE-SUR-MER

Allez boire un verre avec vue sur la mer à la Folie Douce à DEAUVILLE

1 AVENUE DE LA TERRASSE,
14800 TOURGEVILLE

virée à Honfleur

Huître brûlée

·restaurant·

8 RUE BRÛLÉE,
14 600 HONFLEUR

Cuisine locavore élaborée à partir de produits de la mer, de saison et issus d'une agriculture raisonnée et/ou biologique

À l'école buissonnière

- Chambre d'hôtes -

4 RUE DE LA FOULERIE,
14600 HONFLEUR

COCO & CO

34 RUE HAUTE, 13600 HONFLEUR

- Antiquités, objets de curiosités -

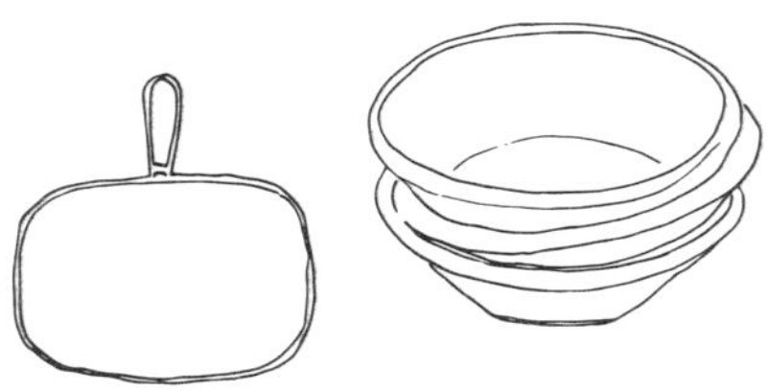

Admirez le Vieux-Bassin et la Lieutenance puis allez manger au restaurant **Le Fleuron**, délicieux.

12 RUE MONTPENSIER,
14600 HONFLEUR

La Ferme Saint-Siméon

Hôtel où vous pouvez vous mettre dans la peau de Monet et peindre à la manière des impressionnistes

20 ROUTE ADOLPHE MARAIS, 14600 HONFLEUR

Balade dans Le Havre

Les Enfants Sages

Réservez une table dans le sublime jardin du restaurant pour profiter d'un dîner comme à la maison, mais en mieux !

20 RUE GUSTAVE LENNIER,
76600 LE HAVRE

LES ENFANTS SAGES

TRIBECA 40

Concept-store aux objets choisis : vêtements, papeterie, déco, chaussures et bijoux.

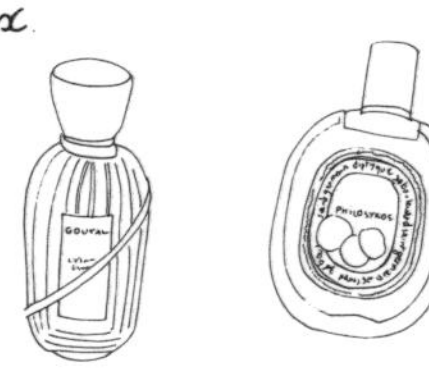

40 RUE GEORGES BRAQUE,
76600 LE HAVRE

Les Jardins suspendus

84 RUE DU FORT,
76620 LE HAVRE

La petite rade

Bar-Restaurant sur la mer

3 BIS CHEMIN DE LA MER, PROM. DES RÉGATES, 76310 SAINTE-ADRESSE

Monsieur Auguste

Pour le déj ou le café

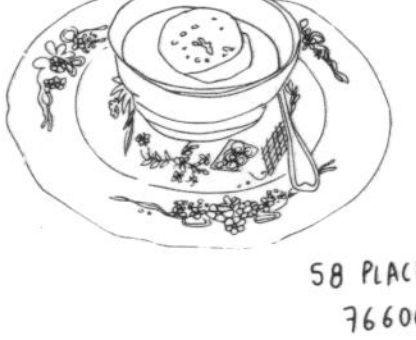

58 PLACE DE L'HÔTEL DE VILLE,
76600 LE HAVRE

Week-end à Étretat

Balade sur les falaises
et dans les Jardins
d'Étretat,
classés au patrimoine
mondial de l'UNESCO.
AVENUE DAMILAVILLE, 76790 ÉTRETAT

- HÔTEL, SPA -

Les Filleuls

- chambre d'hôtes -
Maison de charme
et petit dej de folie

2 RUE DORUS, 76790 ÉTRETAT

LES PINS DE CÉSAR

1 CHEMIN DES ÉCHOS, 76280 SAINT-JOUIN-BRUNEVAL

Le Clos Lupin

15 RUE GUY DE MAUPASSANT, 76790 ÉTRETAT

La Maison
de Maurice Leblanc

* Faites un tour aux
Comptoirs d'Étretat,
magasin général
rempli de merveilles.

23 AV GEORGES V, 76790 ÉTRETAT

* Passez boire un verre
et manger un morceau au
BEL AMI,
aussi cave à vin.

25/27 RUE ALPHONSE KARR, 76790 ÉTRETAT

Le Donjon

Hôtel et restaurant aux jolies fresques murales de JC de Castelbajac

Domaine
Saint-Clair

CHEMIN DE SAINT-CLAIR, 76790 ÉTRETAT

Rouen

Le Vieux Carré

Dînette

– restaurant –

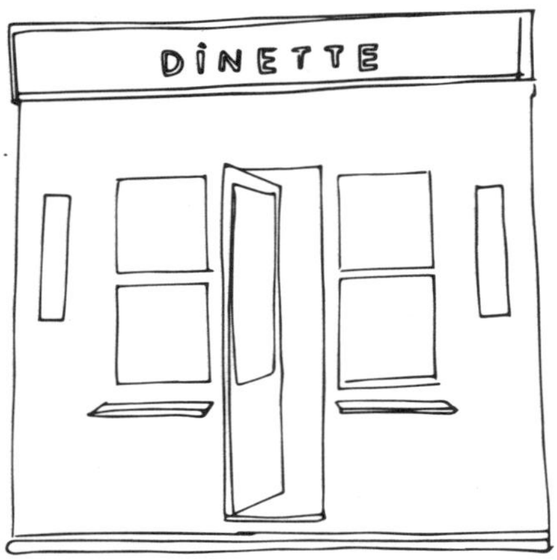

31 RUE PERCIÈRE, 76000 ROUEN

Terrasse intérieure charmante

34 RUE GANTERIE, 76000 ROUEN

Le Jardin des Plumes

HÔTEL, RESTAURANT

Restaurant étoilé, très raffiné, qui vaut le détour

1 RUE DU MILIEU, 27620 GIVERNY

La Maison du Biscuit

Financiers aux amandes, beurre, miel et compote de pommes, un délice. Ramenez plusieurs boîtes et dégustez-les tout au long de l'année avec une tasse de thé : un vrai petit bonheur !

LE HAMEAU COSTARD,
50270 SORTOSVILLE-EN-BEAUMONT

Gonnegirls Farm

Ferme, magasin de produits locaux, fromages de chèvre fermiers, potager, chambre d'hôtes.

3 RUE DE TROARN, 14810
GONNEVILLE-EN-AUGE

Les Brioches du Vast

Délicieuses brioches cuites au feu de bois

12 LES MOULINS, 50630 LE VAST

La Mère Poulard

- auberge -

BP 18 GRANDE RUE,
50170 LE MONT-SAINT-MICHEL

↑ La fameuse omelette de la Mère Poulard

MÈRE POULARD
Qualité Tradition et savoir faire depuis 1888

Allez vous promener
au MARCHÉ DE SARLAT,
un enchantement pour
les yeux et les narines !!
Rue de la liberté,
24200 SARLAT

Nouvelle Aquitaine

PROMENADE à Bayonne

Le Bar du Marché

Restaurant de quartier tenu par la famille ERRAMOUN depuis 1975 où il fait bon s'attabler pour un déjeuner de spécialités régionales sans chichi mais délicieuses. Installez-vous en terrasse dans la rue piétonne ou bien dans la salle à la déco dédiée à la pelote basque et à la corrida.

39 RUE DES BASQUES,
64 100 BAYONNE

Le Cloître de la Cathédrale Sainte-Catherine de Bayonne.

L'UN DES PLUS GRANDS DE FRANCE

PLACE PASTEUR,
64 100 BAYONNE

Chez Janine

12 RUE PORT DE CASTETS,
64100 BAYONNE

Idéal pour un brunch, restaurant tradi, street food - sur place ou à emporter

Pommes Dauphines
Brebis et Jambon
Truffé.

Hot Dog
boulettes
de porc
façon thaïe

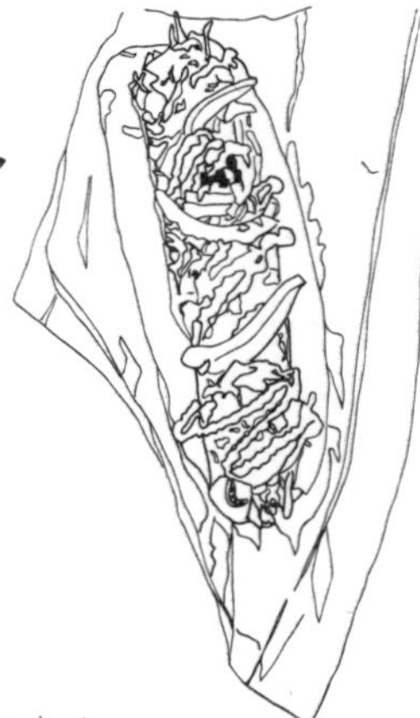

MORNING
PANCAKES

CLASSIC
BURGER

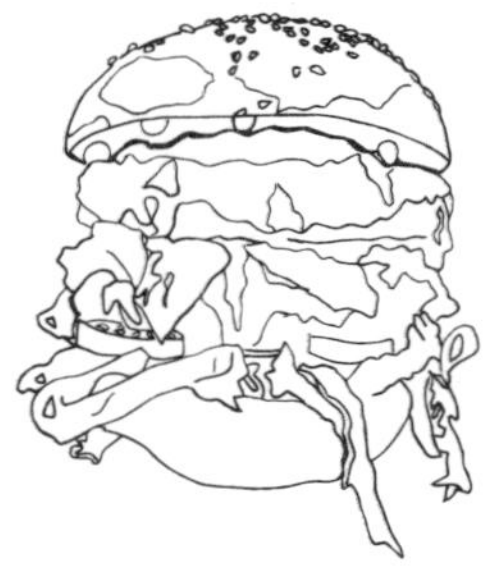

Kontrapas

BOUQUINISTE

36 RUE BOURGNEUF,
64100 BAYONNE

Bouquiniste de quartier, vente de livres anciens.

BALADE à Biarritz

VÉRITABLE INSTITUTION pour boire un verre et partager des PINTXOS sur le vieux port

PETITES TARTINES BIEN GARNIES, SPÉCIALITÉ DU PAYS BASQUE

Crampotte 30

30 ALLÉE PORT DES PÊCHEURS,
64200 BIARRITZ

Carøe

51 RUE GAMBETTA,
64200 BIARRITZ

PALOURDES

Restaurant de fruits de mer incontournable, branché et délicieux, pensez à réserver !

Poulpe
+ MYRTILLE, ESTRAGON, SARRASIN

Récupère la carte de visite

Cibo Pizza

Véritables pizzas italiennes, pâte moelleuse à souhait et fabriquée à partir de farine bio, garniture généreuse et goûteuse issue de l'agriculture bio ou raisonnée et surtout locale + vins naturels + bonnes bières brassées. Mention spéciale pour la pizza Balbitta aux aubergines grillées + mozza fraîche + basilic, un vrai bonheur !

51 BIS RUE GAMBETTA,
64 200 BIARRITZ

CIBO
PIZZA!

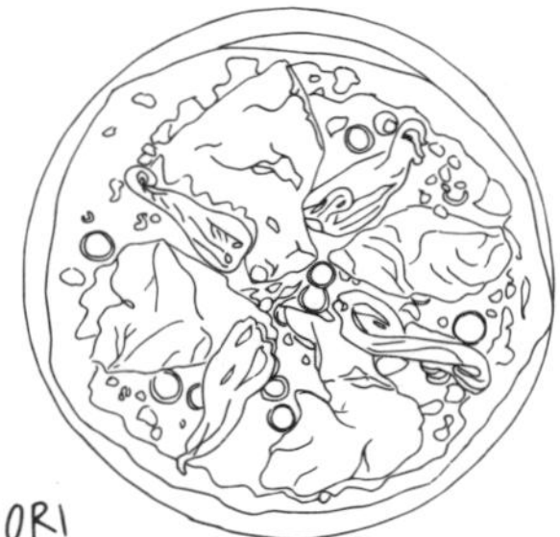

FIORI DI ZUCCA

TOMATE bio et MOZZA DI BUFALA en cuisson + BURRATA ET PESTO après cuisson

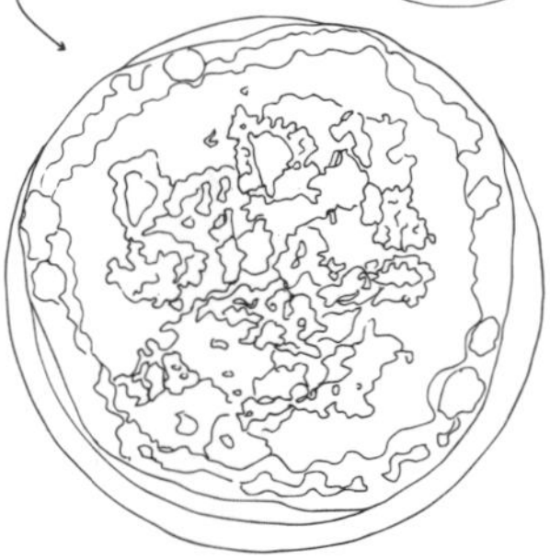

ROBBYBERTO

Chéri Bibi

50 RUE D'ESPAGNE,
64 200 BIARRITZ

Bar à vin et conserverie.
Laissez-vous faire, vous ne serez pas déçus !

...

Les Halles de Biarritz

RUE DES HALLES,
64200 BIARRITZ

Marché de produits régionaux qui donne envie de goûter à toutes les spécialités
Ne pas hésiter à s'installer sur l'une des terrasses autour des halles pour profiter de l'ambiance du marché, boire un café au soleil et déguster les produits fraîchement achetés

Gâteaux BASQUES

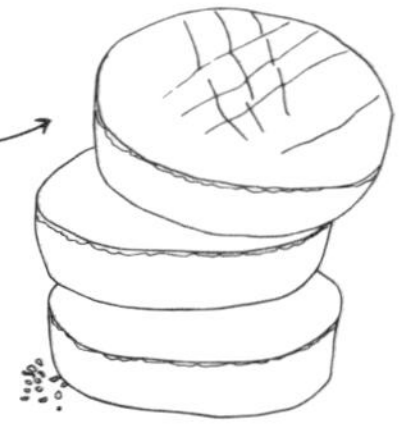

Brebis basque

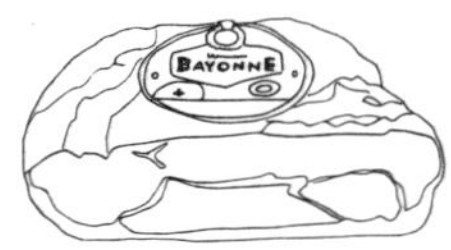

jambon de Bayonne

OSSAU-IRATY

BREBIS BIO des Basques

COEUR BASQUE

L'arena

Surplombe la plage de Port-Vieux et l'océan

PLACE DU PORT-VIEUX,
64200 BIARRITZ

Suprême de volaille crousti-fondant à l'Ossau-Iraty et purée de pomme de terre

CROQUE-BASQUE
jambon de Bayonne, piquillos et Ossau-Iraty

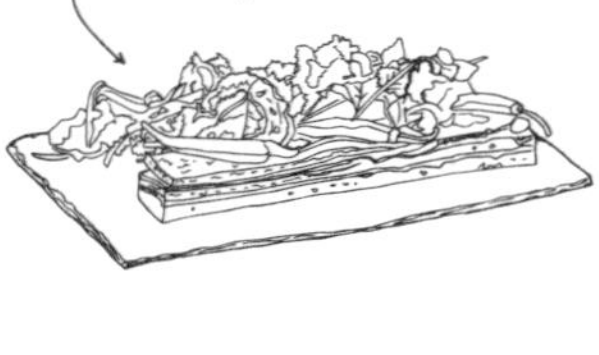

Maison Arostéguy
Épicerie fine et spécialités basques.
5 AVENUE VICTOR HUGO, 64200 BIARRITZ
Fromage de Brebis
HOUMOUS CAROTTE - CUMIN
FILET D'ANCHOIS de CANTABRIE A L'HUILE D'OLIVE
PIMENT D'ESPELETTE en POUDRE
FILET DE THON albacore À L'HUILE D'OLIVE
Sauce basque piquante
chocolat noir au piment d'Espelette
GUINDILLAS
Biscuits salés au fromage de brebis et piment d'espelette
Patxaran egiazki
Liqueur IZARRA verte
MOUTARDE à l'ancienne
THON ALBACORE à l'huile d'olive
SARDINES DEBOUT
huile d'olive au piment d'espelette
SAUCISSON DES aldudes
PÂTÉ de CAMPAGNE
Liqueur Patxaran
Sardines à l'huile d'olive
PÂTÉ BASQUE au piment d'espelette

Bel Estiu

chambre d'hôtes

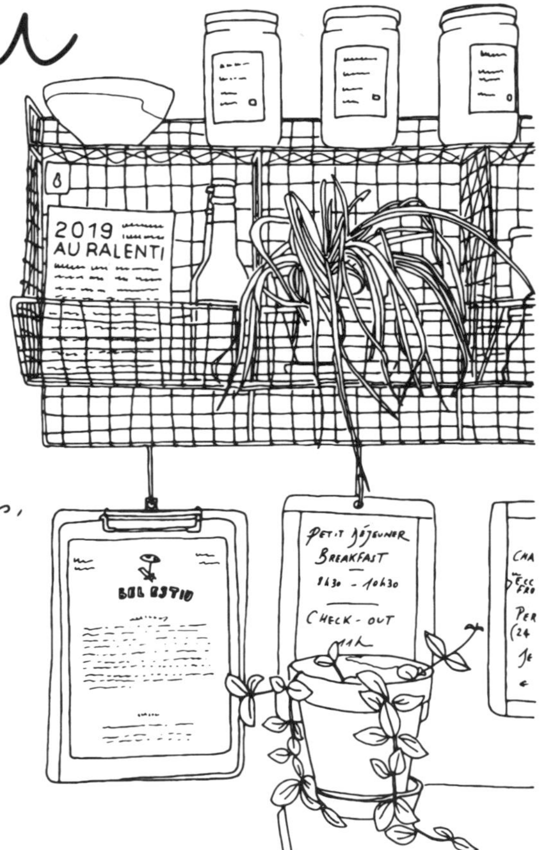

Calme et douceur règnent en maîtres dans cette maison d'hôtes sublime.

"Imaginée comme une maison d'amis, une maison de vacances, un lieu simple où l'on aime s'attarder pour se reposer, partager et se ressourcer."

LE MÉJAT, 24590 SAINT-GENIES

PETITS TRÉSORS

La Rézerve

LE BOURG,
24290 SAINT-LÉON-SUR-VÉZÈRE

BROCANTE
CURIOSITÉS
VINYLES

PORCELAINE

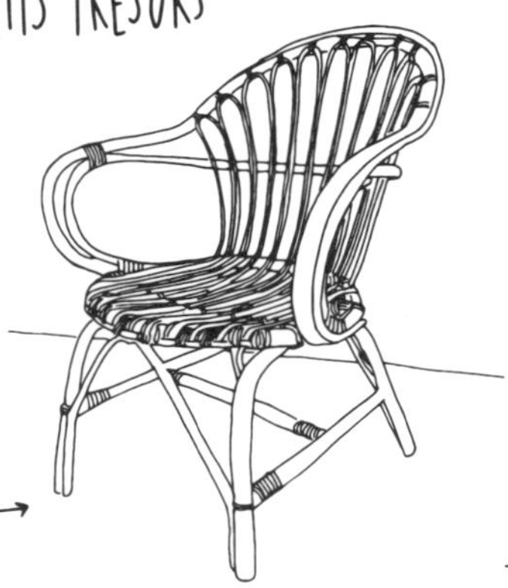

Meubles anciens

Saint Émilion

Château Arbo

13 ROUTE DES FAUCHERIES,
33570 MONTAGNE

vignoble

"Tout commence par une feuille, une vrille, des raisins, l'idée d'un millésime, des saveurs, une attention particulière portée aux cuves, aux barriques, aux bouteilles... Et surtout l'envie folle de réaliser un rêve, l'achat d'un vignoble la création du Château Arbo et des vins que l'on souhaite uniques"

Découvrez la belle histoire et les vins exquis du Château Arbo en vous rendant au domaine et en rencontrant ses propriétaires, Astrid Jordana & Dorian Arbo

CHÂTEAU
ARBO
MONTAGNE
SAINT-ÉMILION

Les Macarons de nadia Fermigier

9 RUE GUADET,
33330 SAINT-ÉMILION

Véritable institution du macaron, la recette originale n'est connue que par Nadia Fermigier, la propriétaire de la boutique.

Château de Dirac

DES WE AUX THÉMATIQUES DIVERSES SONT AUSSI ORGANISÉS RÉGULIÈREMENT, RENSEIGNEZ-VOUS !

LE CHÂTEAU, 16410 DIRAC

Château du 12e siècle qui reprend vie depuis quelques années grâce au travail de ses propriétaires. Vous pouvez louer une partie de la demeure pour des shootings, des évènements pro ou perso et profiter de la "Buvette Guinguette guillerette" ou encore louer "La Maisonnette" pour profiter de ce splendide château et de son jardin.

boutique en ligne en lien avec le château

— www.lespetitesemplettes.com —

Hôtel Ville d'Hiver

HÔTEL VILLE D'HIVER
ARCACHON

Hôtel de charme sur les hauteurs d'Arcachon qui renferme 18 chambres très confortables, une splendide piscine au milieu du parc et surtout une plage privée où vous pourrez déjeuner les pieds dans le sable.

20 AVENUE VICTOR HUGO,
33 120 ARCACHON

Coco Barn Wood Lodge

CHEMIN DU MOULIN DE SIS,
40150 ANGRESSE

3 lodges à louer entre océan et campagne,
au cœur de la forêt des Landes.

Petit écrin de douceur à 10 minutes d'Hossegor,
pour respirer le grand air et savourer le calme.

VIRÉE À Hossegor

Chez Jérôme BAR À HUÎTRES

Dégustez des huîtres fraîchement pêchées en admirant les couleurs changer sur le lac d'Hossegor magique !

3202 AVENUE DU TOURING CLUB,
40150 SOORTS-HOSSEGOR

Les Hortensias du Lac HÔTEL

Maison basque typique et immense, décoration contemporaine, piscine à débordement donnant sur le lac d'Hossegor… Un hôtel * * * * tout confort à seulement 200 mètres des plages de l'Océan Atlantique.

1578 AVENUE DU TOUR DU LAC,
40150 SOORTS-HOSSEGOR

une journée à

Guéthary

Ilunabar Guéthary

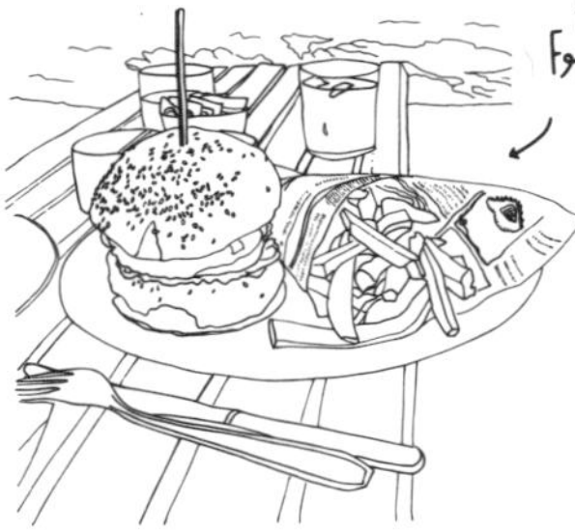

50 PROMENADE
DE LA PLAGE,
64 210 GUÉTHARY

Cadre idyllique pour boire un verre et déguster un tartare vraiment les pieds dans l'eau + tapas à partager au coucher du soleil

Poterie de Guéthary

OUVERT TOUS LES JOURS DE MI-JUIN À MI-SEPTEMBRE
Hors-saison, il vaut mieux téléphoner avant au 06 78 12 73 56

49 AVENUE HARISPE,
64210 GUÉTHARY

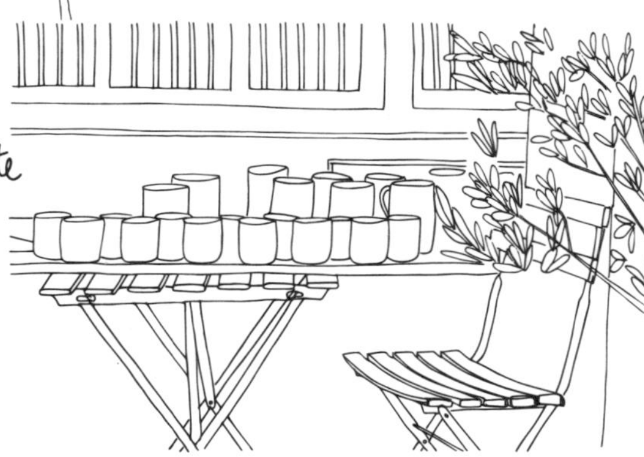

Atelier-boutique de la céramiste Lena Baltazard. Style épuré hérité des origines suédoises de la créatrice.

563 AVENUE DU GÉNÉRAL DE GAULLE, 64210 GUÉTHARY

HÔTEL Le Madrid

Terrasse côté rue qui donne sur une charmante place, idéale pour le café du matin. Seconde terrasse de l'autre côté de l'hôtel qui donne sur la mer, réservée pour le restaurant. Ambiance authentique et serveurs charmants !

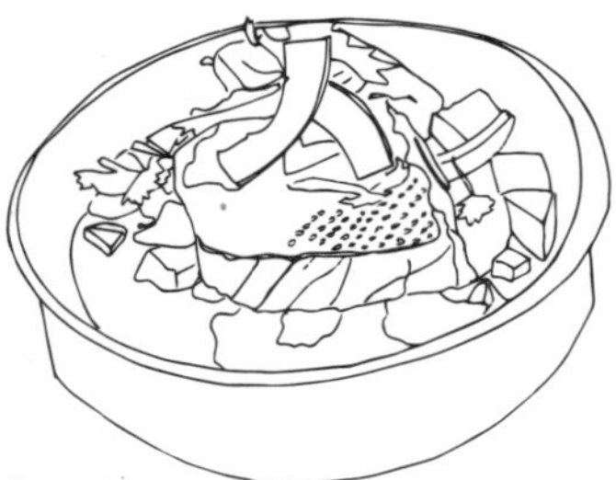

Moqueca, patate douce, chayote et coriandre

Le Poinçon

restaurant, bistrot

94 RUE DU COMTÉ DE SWIECINSKI, 64210 GUÉTHARY

MERLU DE LIGNE, MOUSSELINE DE PETITS POIS À LA MENTHE, FRICASSÉE DE LÉGUMES, VIERGE DE TOMATE

PINKY PISCO

pisco, liqueur Saint Germain, jus de pamplemousse frais + angostura

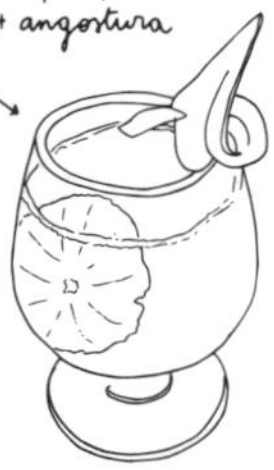

IZZARHUM

RHUM AMBRÉ, IZARRA JAUNE, JUS D'ORANGE ET DE CITRON FRAIS

Arrêtez-vous au retour de la plage pour grignoter des tapas, siroter un bon verre de vin et enchaîner sur un repas convivial et vraiment très bon !

promenade à Saint-Jean-de-Luz

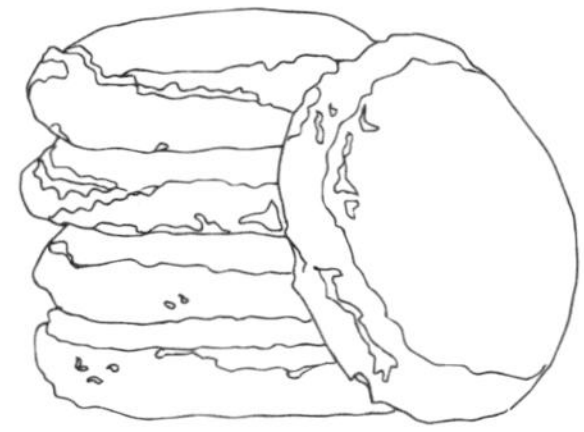

Maison Adam

Allez goûter les "véritables macarons", petits gâteaux ronds et moelleux au goût d'amande. À tester absolument !

4-6 PLACE LOUIS XIV,
64500 SAINT-JEAN-DE-LUZ

Etxe Nami

– restaurant basquo-japonais et épicerie –

"Lieu hybride où gastronomie, idées durables, art et artisanat se côtoient pour partager notre philosophie"

Sauce Amande & Sésame blanc au miso

SAUCE SOJA

BÁNH MÌ : BAGUETTE, LÉGUMES MARINÉS, POMMES FONDANTE, FRITURE DE TOFU, HERBES & FLEURS SAUVAGES

11 AVENUE JAUREGUIBERRY,
64500 SAINT-JEAN-DE-LUZ

CHASOBA, nouilles sarrasin, blé et thé vert, bouillon frais de tsuyu, légumes variés + omelette à la japonaise

DONBURI : TOFU TERIYAKI, CONCOMBRE, AVOCAT, MAÏS, MAYO MAISON, CHOUX CHINOIS FERMENTÉ + OEUF

Fromagerie Agour

ZONE ARTISANALE
UR ZABALETA,
RD119, 64640 HÉLETTE

FROMAGERIE
CHARCUTERIE

Urdina - bleu de brebis basque

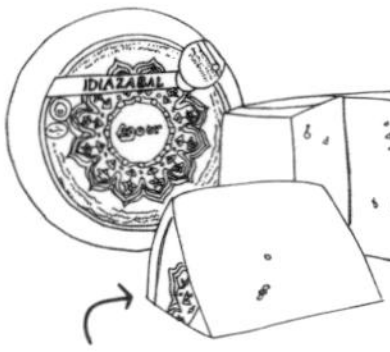

IDIAZABAL

Gelée de piment d'espelette

GLACE AU LAIT DE BREBIS

Brique de brebis à la truffe

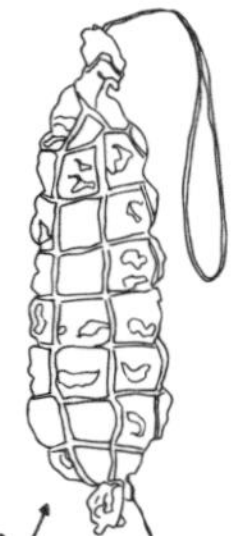

grand CHORIZO

Pour goûter, apprécier et remporter le meilleur fromage de brebis basque et du jambon de Bayonne dans sa valise.

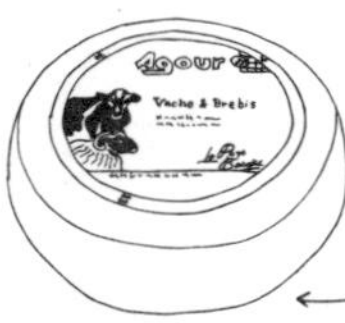

VACHE & BREBIS

Jambon serrano

100g CONFITURE DE CERISES NOIRES

Lartigue 1910

7 RUE LÉON GAMBETTA,
64500 SAINT-JEAN-DE-LUZ

Maison de linge basque, pour remporter des torchons rayés typiques ou une paire d'espadrilles.

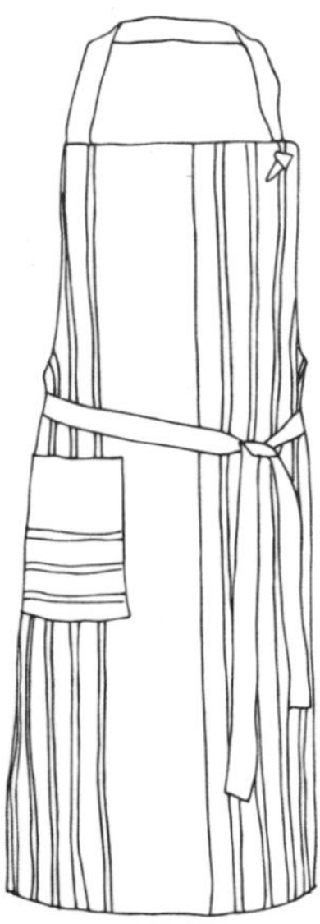

tablier

TORCHONS

Espadrille

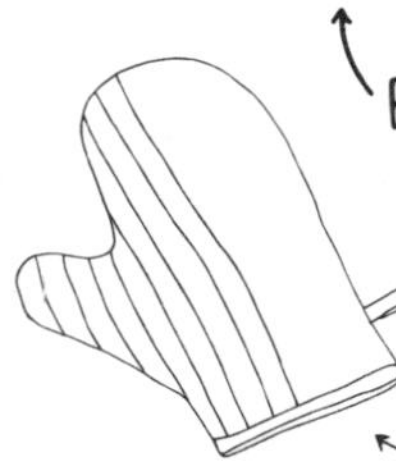

GANT de CUISINE

Moulin d'Alotz

CHEMIN D'ALOTZ ERROTA
64200 ARCANGUES

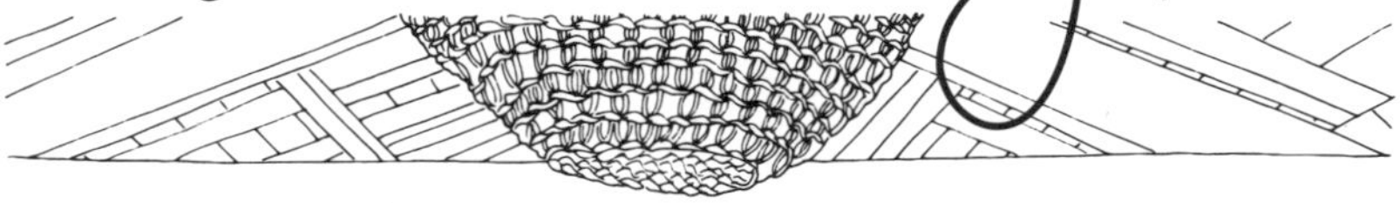

Restaurant au cœur
d'un ancien moulin,
cuisine champêtre et raffinée

L'Atelier de Gaztelur

IMPASSE DE
GASTELHUR,
64200 ARCANGUES

Restaurant, décoration,
antiquités, fleuriste, potager, jardins

mille-feuilles chocolat,
pop-corn caramélisé
et réduction de passion

Récupère
la
carte de
visite

Les Sources de Caudalie

Hôtel ***** niché au cœur des vignes du château Smith Haut Lafitte et jouissant d'un environnement paradisiaque : la nature à portée de main, des activités en plein air, un espace bien-être, un court de tennis, une salle de yoga… mais aussi des cours de cuisine ou de dégustation de vins. Un lieu magique dédié à l'art de vivre au milieu des vignes.

SMITH HAUT-LAFITTE,
33650 MARTILLAC

"Les attentions d'un palace, la chaleur d'une maison de famille"

Balade à Bordeaux

Âme

18 RUE CASTILLON,
33 000 BORDEAUX

Fleurs séchées,
Plantes,
Artisanat

manpuku

9 RUE AUSONE,
33 000 BORDEAUX

cuisine de découverte et d'expérimentations de 3 chefs et amis originaires du Moyen-Orient, d'Asie et du Pacifique

Editions Vétiver

décoration

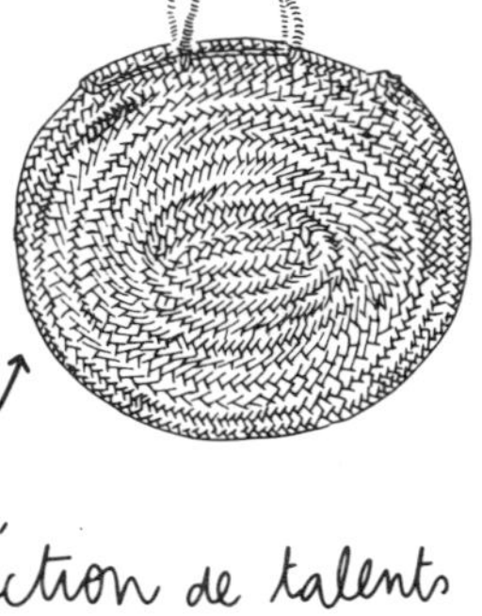

PANIER

Sélection de talents et savoirs-faire du monde

vase

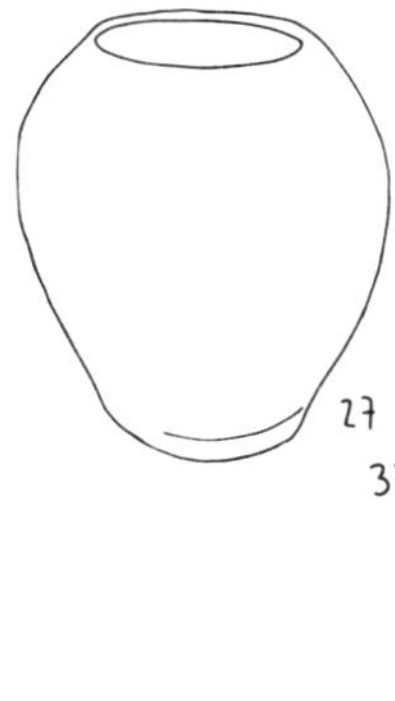

Fauteuil en cuir

27 RUE GASPARD PHILIPPE,
33800 BORDEAUX

Cent 33

133 RUE DU JARDIN PUBLIC,
33 000 BORDEAUX

FILET de BOEUF d'AUBRAC, CENDRÉ & OIGNONS des CÉVENNES à la MOELLE

Melon, céleri et chocolat ivoire

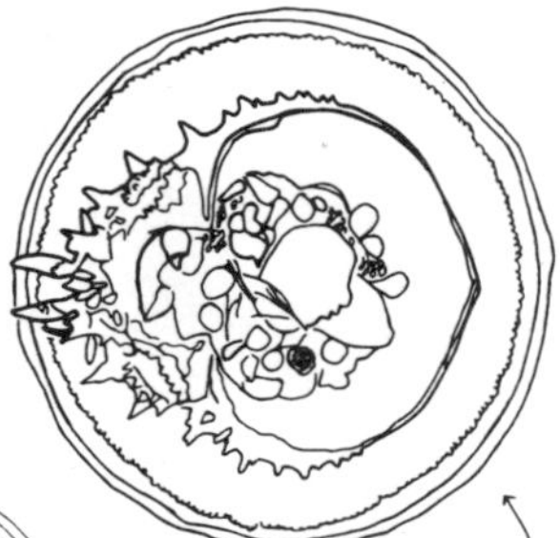

Couteaux de plongée, marinière de concombre, citron vert

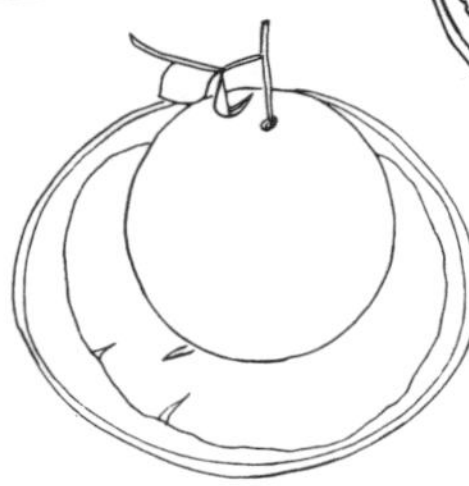

LA MANDARINE & KUMQUAT sur un biscuit à la cuillère

Araignée de mer en salade, lait de coco et petits pois

Pour se faire un dîner savoureux à deux (ou plus !)

Halles Bacalan

10 QUAI DE BACALAN,
33300 BORDEAUX

pour déjeuner ou faire ses courses et repartir avec un panier rempli de spécialités et produits locaux.

LAITUE

aubergines

VIN

tomates

Pain

POIRES

FROMAGE

Pour terminer la promenade, installez-vous à la terrasse de la brasserie La Familia

...

Les Taquineries de Marie

48 COURS D'ALBRET,
33000 BORDEAUX

cookies
NOISETTE

Pâtisseries gourmandes et évolutives en fonction des saisons. Si vous passez à l'heure du déjeuner, goûtez aux délices salés de la chef, concoctés à partir du marché du matin.

cake
au
chocolat

CROQUE-
MONSIEUR

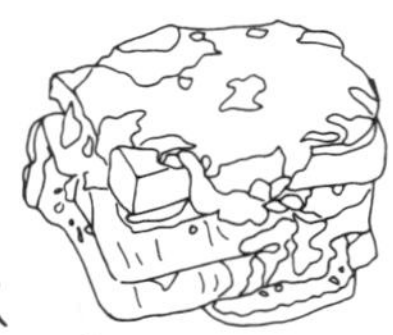

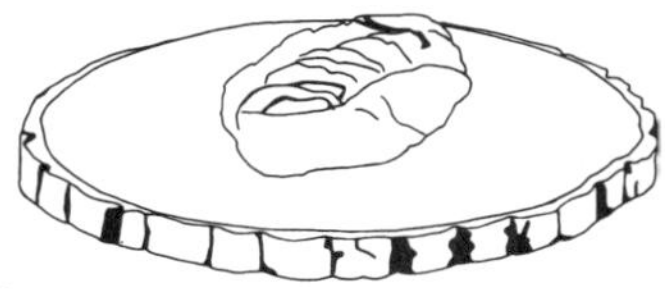

Tartelette
à la pêche

CHOUQUETTE

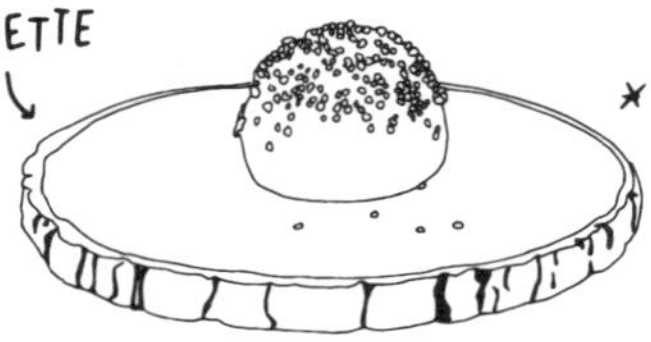

* Retrouvez aussi LE TAQUIN, le grand frère des taquineries de Marie, qui propose de doux cocktails et des grignotages faits-maison * 1 QUAI SAINTE CROIX, 33800 BORDEAUX

Thaï sur le pouce !

Tching Tchang Tchong

18 PLACE CANTELOUP,
33800 BORDEAUX

32 RUE DE LA BOÉTIE,
33000 BORDEAUX

PH7

- Dénicheurs d'objets, magasin de déco, petit mobilier et accessoires.

MAISON JOUMANA

Maison Joumana

246 COURS DE L'YSER,
33800 BORDEAUX

AUBERGINES FARCIES

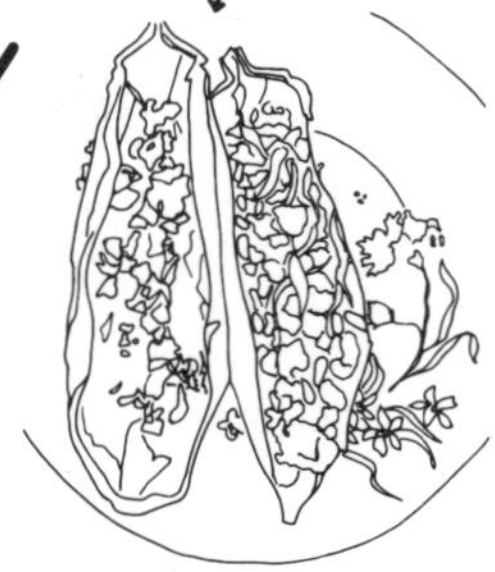

fines tranches de navet marinées à la betterave

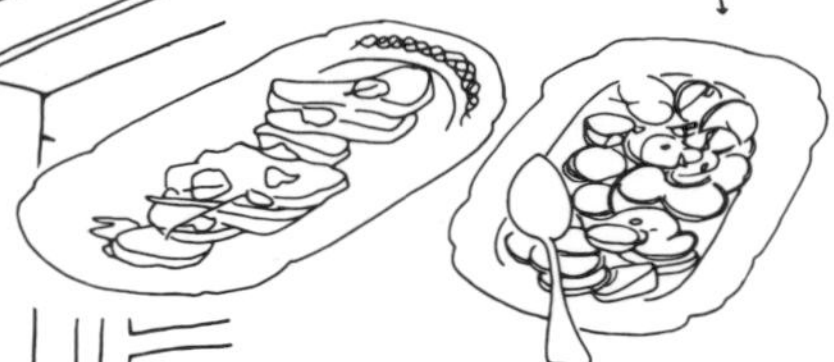

FALAFEL POIS CHICHE, CHOU KALE, CORIANDRE ET SAUCE TAHINÉ

Tarte printanière au pesto

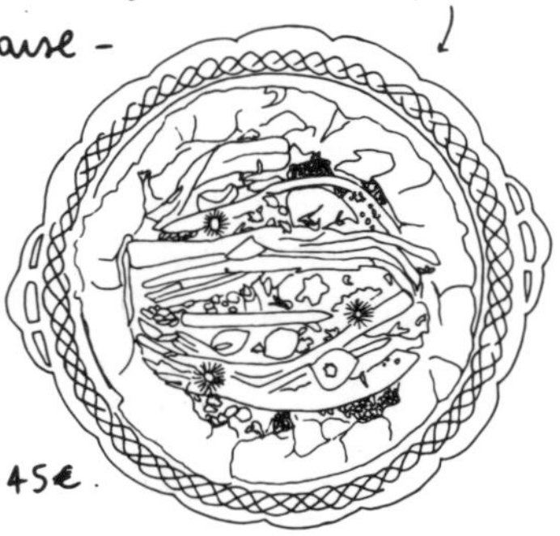

Maison - galerie - restaurant - résidence d'artistes et de chefs - dîners privés - cuisine méditerranéenne et libanaise - produits locaux, bio et de saison

Prenez contact avec Joumana via sa page Instagram, réservez pour dîner les mardis, jeudis ou vendredis et discutez avec elle de vos goûts et envies, elle s'occupe de vous concocter un repas généreux sur mesure pour 45€.

...

Coutume Store

Objets et produits du quotidien, boutique où il fait bon s'inspirer, haute en couleurs et trésors avec des vitrines toujours super réussies, des produits beaux et sains la quincaillerie 2.0 !

79 RUE NOTRE DAME,
33 000 BORDEAUX

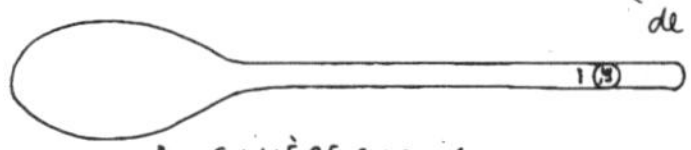

symbiose

restaurant intimiste et bons petits plats

4 QUAI DES CHARTRONS,
33 000 BORDEAUX

Allez découvrir

Les Bassins de Lumières,

Un centre d'art numérique et lieu insolite dans lequel le visiteur se promène dans la pénombre, découvrant des peintures projetées sur les murs et leurs reflets dans les bassins d'eau. Un enchantement visuel et sonore, le genre de balade poétique que j'adore !

IMPASSE BROWN DE COLSTOUN, 33300 BORDEAUX

Frida

Restaurant, bar, jardin aux tables et chaises colorées en plein ♡ du vieux Bordeaux

27-29 RUE BUHAN,
33 000 BORDEAUX

Le Dimanche : Brocante du Quartier Saint-Michel

Jane de boys

concept store

8 COURS DU XXX JUILLET,
33 000 BORDEAUX

À RETROUVER AUSSI À ARCACHON ET AU CAP FERRET

AMERICAN VINTAGE

IZIPIZI lunettes

Ragdoll L.A, HOODIE SUPEROVERSIZE

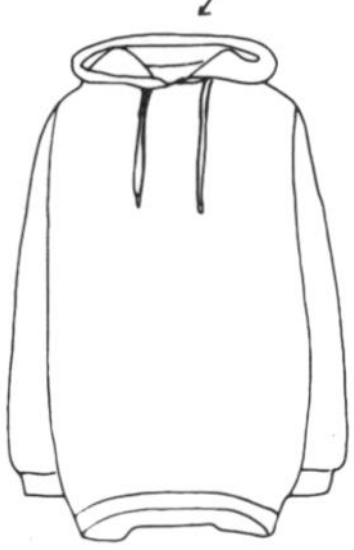

Anine Bing, Manteau Léon

bijoux GIGI CLOZEAU

Veja

...

La Gaîté

90 RUE NOTRE-DAME,
33 000 BORDEAUX

Concept-store, vêtements pour hommes et femmes, décoration, vaisselle, objets du quotidien… et lieu de vie où sont régulièrement organisés des événements.

ROBE

Gilet

pull à col montant

MOCASSINS

madé Handpoke bar

Restaurant de POKE BOWLS californiens

AVOCAT, SAUMON, SALADE VERTE, TOMATE

pulled pork, légumes rôtis

25 RUE GASPARD PHILIPPE,
33800 BORDEAUX

Tista

9 RUE CAMILLE SAUVAGEAU,
33800 BORDEAUX

Épicerie de produits locaux, artisanaux, en partie bio, le tout en vrac

TISTA

Épicerie de produits locaux en vrac
9 rue Camille Sauvageau 33800 Bordeaux
epicerie-tista.fr

COLLE LA CARTE DE VISITE

Le marché des Capucins

PLACE DES CAPUCINS,
33800 BORDEAUX

Le plus grand marché de Bordeaux, qui a lieu tous les jours sauf le lundi. Boulangers, chocolatiers, fromagers, maraîchers... Ne pas manquer le stand de la **MAISON SEGUIN** pour goûter à leurs iconiques *Puits d'amour de Captieux*.

UNE COQUE EN PÂTE À CHOUX GARNIE D'UNE CRÈME CHIBOUST, UN SUBTIL MÉLANGE DE CRÈME PÂTISSIÈRE ET DE MERINGUE ITALIENNE, LE TOUT CARAMÉLISÉ AU FOUR.

Mama Shelter

19 RUE POQUELIN MOLIÈRE,
33000 BORDEAUX

et sa terrasse avec vue sur les toits du centre-ville

HÔTEL,
BAR,
RESTAURANT

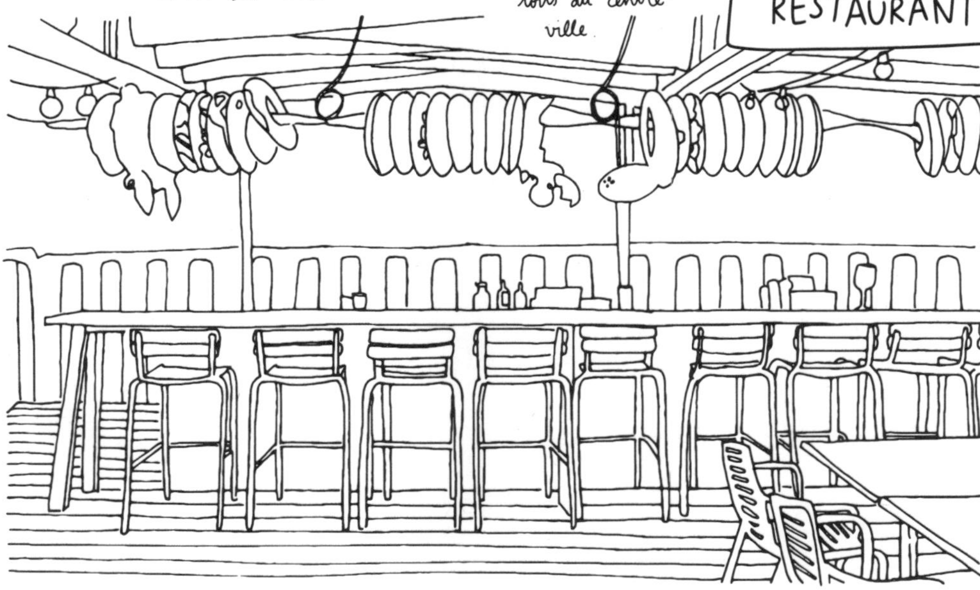

...

Écosystème Darwin

PARC D'ACTIVITÉS
DES QUEYRIES,
21 QUAI DE QUEYRIES,
33100 BORDEAUX

Ancien hangar désaffecté de 20000 m² réhabilité en un lieu alternatif accueillant un restaurant :

Le Magasin Général,

Mais aussi un immense espace pour les skateurs, une épicerie bio, un bar pour retrouver les copains, L'Alchimiste

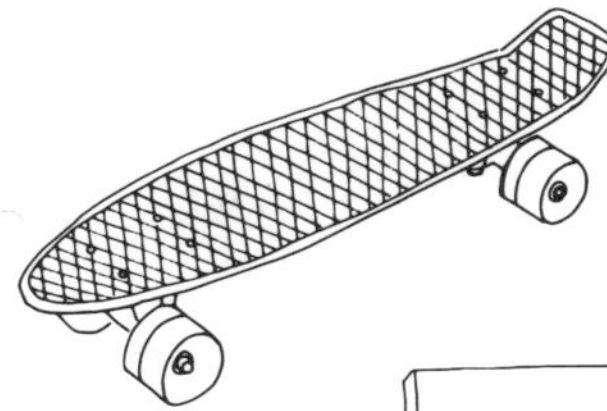

pour faire le plein de bon café,

Retrouvez aussi LE COFFEE SHOP dans le centre :

12 RUE DE LA VIEILLE TOUR, 33000 BORDEAUX

Les Chantiers de la Garonne,

pour manger des fruits de mer et des pizzas bio tout en buvant une bière brassée sur place

Découvrez aussi son club nautique associatif,

Les Marins de la Lune

pour faire un tour sur le fleuve en STANDUP-PADDLE, à la VOILE ou à la RAME.

Balade à l'Île de Ré

Secret Maison

BOUTIQUE DE DÉCO

52 ROUTE DE LA PRÉE,
17590 ARS-EN-RÉ

Sélection parfaite et linge de maison en lin lavé, le tout dans un cadre magnifique.

Auberge Paysanne de la Mer

CHEMIN DE LA GALÈRE,
17410 SAINT-MARTIN-DE-RÉ

Dégustez des huîtres et des fruits de mer face à l'océan

La Martinière

Choisissez votre parfum parmi les 250 propositions puis promenez-vous dans les remparts et au port de Saint-Martin.

17 QUAI DE LA POITHEVINIÈRE,
17410 SAINT-MARTIN-EN-RÉ

– MAÎTRE ARTISAN GLACIER –

L'Écailler

PORT DE LA FLOTTE,
3 QUAI DE SÉNAC,
17630 LA FLOTTE

Restaurant gastronomique de poissons et fruits de mer installé dans la plus ancienne maison du port de La Flotte. Idéal pour goûter des poissons fraîchement pêchés et divinement préparés, cuisinés, mijotés. N'oubliez pas de réserver !

crevettes et cabillaud

PISTES CYCLABLES :

- Entre Saint-Martin et La Couarde, longeant les Marais-Salants
- De la plage de la Patacha jusqu'à la Maison du Fier, où vous découvrirez la Réserve Naturelle Lilleau des Niges. Sur votre chemin, vous longerez le golf des Portes et vous pourrez faire une pause huîtres à Trousse-Chemise
- Au milieu des Marais-Salants, empruntez la piste cyclable direction L'Ore pendant la marée haute

...

La Douce Mie

Boulangerie à Sainte-Marie, idéale pour emporter le petit dej avant de filer sur la plage

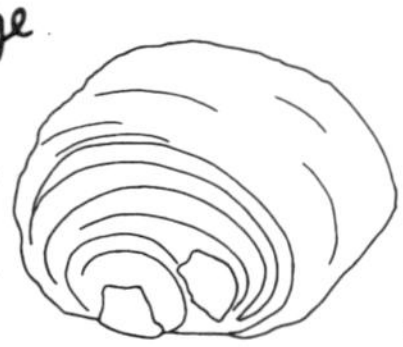

15 RUE DE LA CRAPAUDIÈRE,
17740 SAINTE-MARIE-DE-RÉ

Le Peu des Hommes

-bar-

Attablez-vous pour boire un verre ou manger un morceau en rentrant de la plage puis promenez-vous dans le centre piéton de La Couarde en prêtant attention aux petites galeries d'art et ici et là.

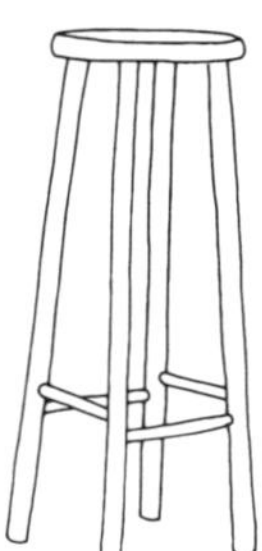

21 AVENUE LE MAIL,
17670 LA COUARDE-SUR-MER

Fricoter

crêperie - sandwicherie - salon de thé

Délicieuses crêpes et galettes traditionnelles concoctées par deux maîtres crêpiers

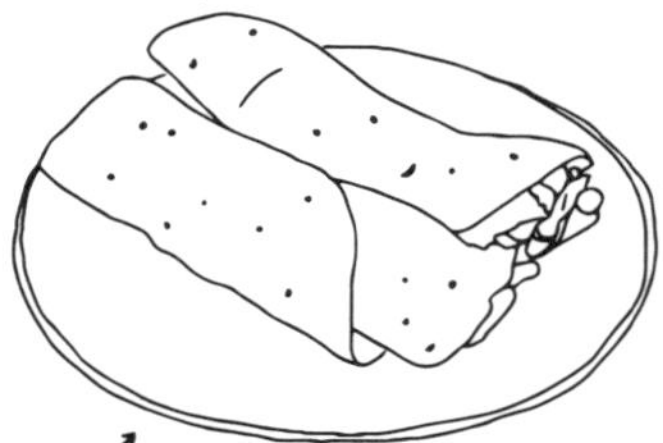

" FRICOTER : verbe transitif (de fricot). Faire cuire, accommoder à feu vif en ragoût. Préparer secrètement "

11 RUE DU HURLEVENT,
17880 LES PORTES-EN-RÉ

Côté Jardin

15 BIS RUE DE MOUILLEBARBE,
17590 ARS-EN-RÉ

Brocante et mobilier chiné avec goût et passion.

Le Grenier à Sel

Parfait pour un dîner en amoureux.

20 RUE DE LA BAIE,
17590 ARS-EN-RÉ

Le Marché d'Ars-en-Ré

Faites un tour du marché pendant que vos enfants font un tour du Manège de Donin, un manège-scène de spectacle où Donin interprète ses chansons pendant que le manège tourne !

12 RUE DE MOUILLEBARBE,
17590 ARS-EN-RÉ

Achetez de quoi faire un pique-nique sur la plage :

Et jetez un oeil aux foulards, chapeaux et bijoux des autres stands : vous trouverez des trésors !

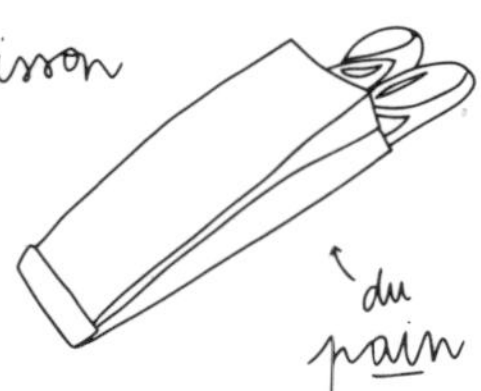

...

Le Sénéchal

Hôtel ☆☆☆ absolument charmant à la déco parfaite ! Faites un tour à l'épicerie-bistrot à l'angle de la même rue, La Tour du Sénéchal, où vous pourrez trouver plein de jolis produits locaux mais aussi les produits MARLETTE, qui sont originaires de l'Île !

6 RUE GAMBETTA, 17590 ARS-EN-RÉ

Marie et Angèle

Pour dégotter une veste militaire customisée ou non mais ultra-stylée dans tous les cas !

37 RUE DU HAVRE,
17590 ARS-EN-RÉ

Où dormir ?

Ma Maison Douce

Super air bnb où j'aime poser mes valises avec toute ma famille

19 RUE DE LA FORGE,
17590 SAINT-CLÉMENT-DES-BALEINES

ARS-EN-RÉ

Madeleine et Gustave

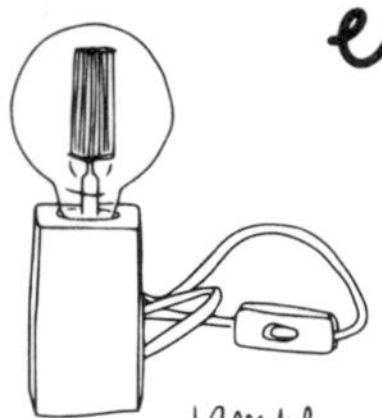

Lampe en béton

PICHET en ÉMAIL

Tabouret

BOUTEILLE poisson

Faites une descente déco dans cette si jolie boutique que j'adore !

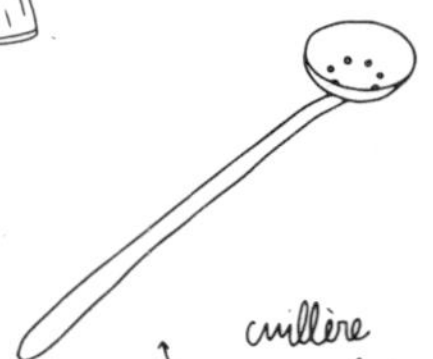

cuillère en porcelaine

pop-up
OUVERT L'ÉTÉ UNIQUEMENT

La Java des Baleines

-CHAPITEAU-

Lieu en plein air idéal pour prendre l'apéro et qui convient à toute la famille. Aire de jeux pour les enfants, food-trucks pour les parents = le bonheur !

Des spectacles et des concerts sont programmés tout l'été sous le chapiteau, renseignez-vous !

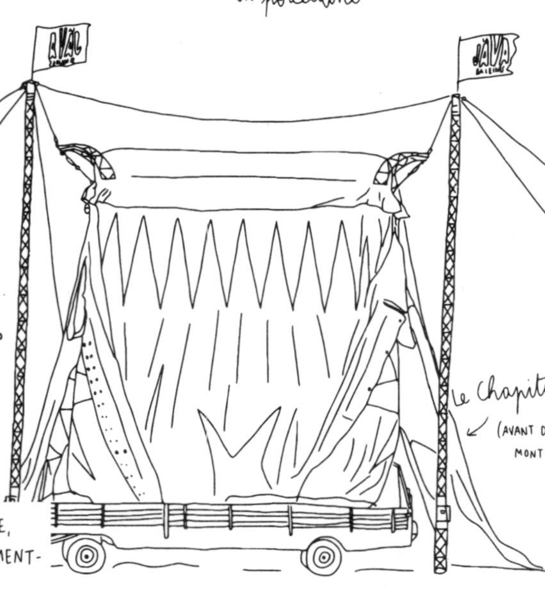

Le Chapiteau (AVANT D'ÊTRE MONTÉ)

RUE DE LA MAIRIE,
17590 SAINT-CLÉMENT-DES-BALEINES

• • •

Franck Speisser

OSTRÉICULTEUR

Cabane à huîtres située derrière le Golf de Trousse-Chemise, tout ce que j'aime ! On mange des huîtres en self-service au milieu des Marais... l'endroit rêvé pour l'apéro, à ne pas manquer !

La Villa

Le dîner dans le jardin est un moment hors-du-temps !

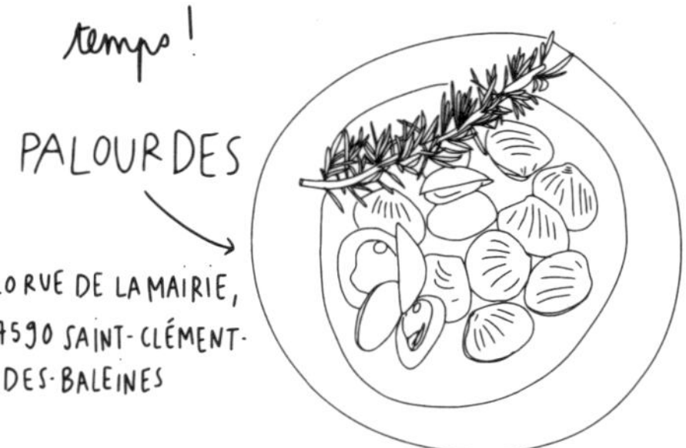

20 RUE DE LA MAIRIE,
17590 SAINT-CLÉMENT-DES-BALEINES

Se promener au Phare des Baleines : un incontournable.

POUR PIQUER UNE TÊTE :

- Plage de Trousse-Chemise pour se jeter dans le Mao, un courant naturel qui vous emmène à la dérive : terrain de jeux naturel et inépuisable !
- Plage de la Conche des Baleines à Ars-en-Ré.
- Rivedoux-Plage : meilleur spot de kitesurf.

TÉLÉCHARGEZ UNE APPLI POUR CONNAÎTRE LES HORAIRES DES MARÉES, et choisissez votre plage en fonction !

Chez Flo

9 RUE SAINT-BARTHÉLEMY,
40160 PARENTIS-EN-BORN

Passez récupérer un panier pique-nique chez Flo et installez-vous à votre spot préféré pour le déguster ! Les paniers sont composés de petits plats savoureux et fabriqués à partir de produits frais et de saison sourcés auprès de producteurs locaux.

Pâtisserie Lopez

Gâteaux basques depuis 1975

18 RUE GAMBETTA,
33500 LIBOURNE

Virée à Saintes

Port miniature de Saint-Savinien-sur-Charente

ÎLE DE LA GRENOUILLETTE,
17 ROUTE SAINT-SAVINIEN,
17350 LE MUNG

Rescue ↑

CHALOUPE sardinière TREIZOUR

Devenez capitaine d'un bateau miniature, découvrez des manèges anciens et laissez vos enfants se défouler dans les jeux gonflables géants !

CARGO alain Colas ↗

Vapeur du Mississippi Memphis ↗

La Musardière

SALON DE THÉ
BRÛLERIE
RESTAURANT
LIEU DE CONCERT,
D'EXPOS ET DE
RENCONTRES
CULTURELLES

La Musardière
Gabriel Peña Artisan Torréfacteur

Installez-vous en terrasse, dans la cour du restaurant pour goûter à une cuisine française et ibérique délicieuse !

À noter : tous les samedis soirs, été comme hiver, dîner-concert avec des musiciens de blues, reggae, jazz, folk ou flamenco

29 RUE ALSACE-LORRAINE,
17100 SAINTES

L'Abbaye aux Dames

La Cité Musicale

"Un lieu de création, de formation et de spectacle." Découvrez des expositions musicales et visuelles toujours d'une grande qualité. En face de l'Abbaye, ne manquez pas le manège musical un peu futuriste qui s'anime uniquement s'il contient des passagers.

11 PLACE DE L'ABBAYE,
17104 SAINTES

Musée Dupuy Mestreau

4 RUE MONCONSEIL,
17100 SAINTES

Installé dans un magnifique ancien hôtel particulier, ce musée présente les collections réalisées par le père fondateur du musée, Abel Mestreau. Vous trouverez, entre autres, la salle des faïences, la salle de la marine et ses maquettes ou encore la chambre de la marquise.

Une journée au Cap Ferret

La Cabane du Mimbeau

pour dîner en face de la Dune du Pilat et déguster des huîtres fraîches.

28 AVENUE DE LA CONCHE,
33970 LÈGE-CAP-FERRET

Mangez un cannelé, une gaufre ou un croissant aux pignons chez **Frédelian**, une institution depuis 1939

33 BD DE LA PLAGE, 33970 LÈGE-CAP-FERRET

Chez Boulan

BAR, RESTAURANT À HUÎTRES

2 RUE DES PALMIERS,
33950 LÈGE-CAP-FERRET

Goûtez les DUNES BLANCHES de chez **Pascal**

46 ROUTE DU CAP-FERRET,
33950 LÈGE-CAP-FERRET

Balade sur Chaland en pinasse pour voir les CABANES TCHANQUÉES

LE MOULLEAU, CROISIÈRE JOUVENCE

Goûtez les moules farcies de Bernadette

Chez Hortense

Recette des Moules Farcies

pour 6 personnes

1. Lavez les moules. Pressez l'ail et hachez finement en dés le lard fumé et le jambon de Bayonne.

2. Dans une poêle, faites revenir pendant une dizaine de minutes l'ail, le jambon et le lard dans l'huile avec le persil haché et la chapelure. Réservez.

3. Versez les moules dans une grosse cocotte avec le vin. Faites cuire à feu vif une bonne dizaine de minutes. Une fois les moules ouvertes, ajoutez le contenu de la poêle.

Servir avec des frites maison.

INGRÉDIENTS

- 6 L de moules de Bouchot
- 4 tranches épaisses de jambon de Bayonne
- 4 tranches épaisses de lard fumé
- 10 gousses d'ail
- 2 grands verres de vin blanc sec
- 4 c. à s de chapelure
- 1 bouquet de persil
- 5 c. à s d'huile d'olive

26 AVENUE DU SÉMAPHORE,
33970 LÈGE-CAP-FERRET

...

Déambulez dans le village de l'Herbe
et colorez les cabanes de pêcheurs !

Dînez à l'HÔTEL
DE LA PLAGE
sur les iconiques
nappes vichy rouge.

L'HERBE LE CANON,
33950 LÈGE-CAP-FERRET

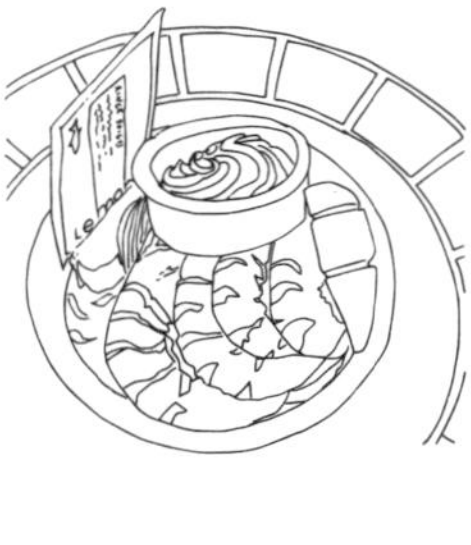

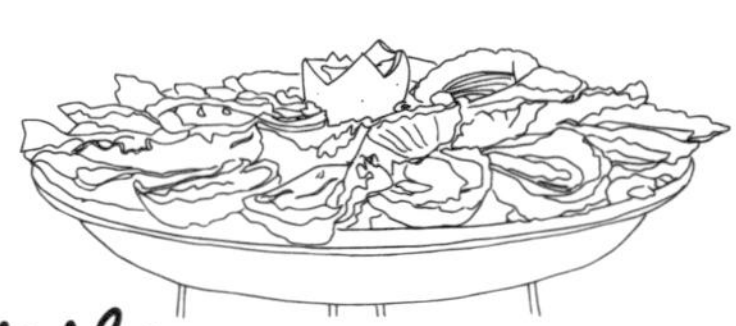

La Cabane d'Hortense
bar à huîtres, restaurant
RUE DES TAMARIS, 33970 LÈGE-CAP-FERRET

La Maison du Bassin

HÔTEL de CHARME

5 RUE DES PIONNIERS
CAP-FERRET,
33970 LÈGE-CAP-FERRET

Day Co

Boutique de déco

Tabouret

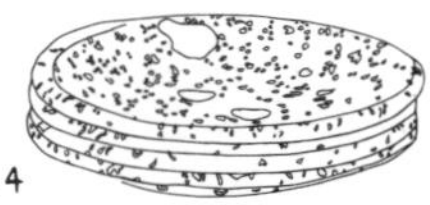

Lot de 4 assiettes

verres

LAMPE

31 BOULEVARD
DE LA PLAGE,
33950 LÈGE-
CAP-FERRET

PANIERS

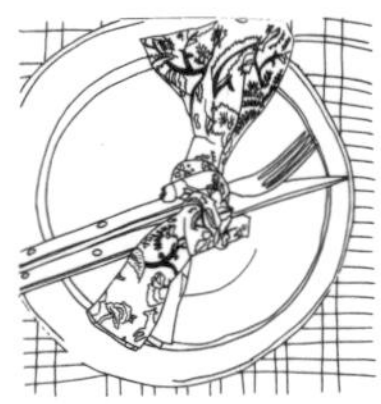

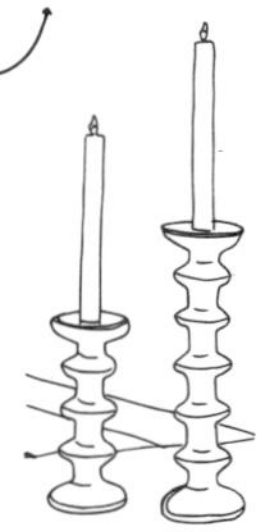

BOUGEOIRS

Hôtel La Co(o)rniche de Starck

Vue sur les passes du bassin et le cap. Ferret.

46 AVENUE LOUIS GAUME,
33115 LA-TESTE-DE-BUCH

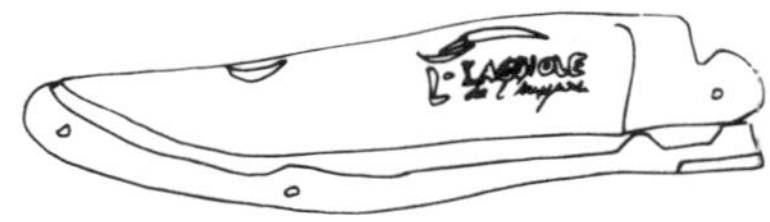

Le Souffle de l'Aubrac

auteur inconnu

"La forteresse naturelle, un désert
Le ciel, le minéral, le végétal,
ici tout vous ramène à l'essentiel
Il suffirait pourtant d'écouter,
d'observer, de respirer
La profondeur du silence
La lumière enivrante
Le vent mêlé des pâtures"

OCCITANIE

LOT
cahors
TARN-ET-
GARONNE
Montauban
Rodez
AVEYRON
Mende
LOZÈRE
GARD
Nîmes
GERS
Auch
Albi
TARN
Toulouse
HAUTE-
GARONNE
Montpellier
HÉRAULT
Tarbes
HAUTES-
PYRENÉES
Carcassonne
AUDE
Foix
ARIÈGE
Perpignan
PYRÉNÉES-ORIENTALES

L'AUBRAC

Chez Camillou

10 ROUTE DU LANGUEDOC,
48 130 PEYRE-EN-AUBRAC

Allez goûter la cuisine de mon ami Cyril Attrazic ! Un enfant du pays et une étoile Michelin. Une cuisine ancrée dans son terroir, audacieuse, exigeante et créative. Entreprise familiale reprise depuis 4 générations. Une cuisine lozérienne raffinée à seulement quelques minutes de l'autoroute si par tristesse vous ne faisez que passer.

L'Annexe d'Aubrac

12470 SAINT-CHÉLY-D'AUBRAC

Une chambre d'hôtes originale et insolite située face à la domerie de l'Aubrac, le refuge historique des pèlerins de la route de Saint-Jacques de Compostelle. Un décor magique inspiré de la fascination de Virginie pour cette région à la nature sauvage et mystérieuse.

La Borie de l'Aubrac

Un endroit de rêve pour séjourner sur l'Aubrac. Des chambres très confortables avec vue panoramique sur les plateaux. Laurent et Pat sont adorables et aux petits soins. Un lieu de paix absolue.

LA GRANGE DES ENFANTS,
48260 NASBINALS

Le Buron de Born

VILLAGE,
48260 NASBINALS

Un endroit magique au milieu des hauts-plateaux de l'Aubrac. Des paysages à couper le souffle, un repas d'Aubrac authentique et gargantuesque ! Mon buron préféré sur l'Aubrac, pensez à réserver.

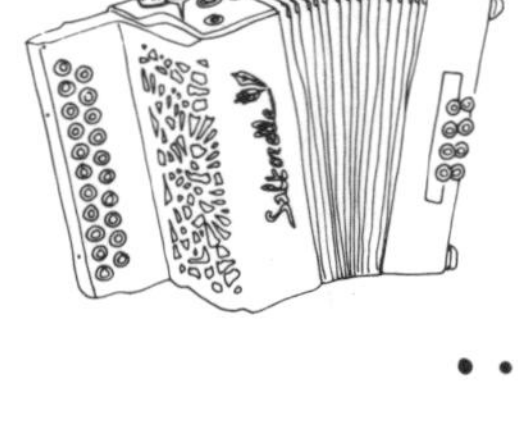

...

Double page oblige parce que là... vous êtes chez moi ! Le rêve de mes parents devenu réalité. Un grand corps de ferme qu'ils ont entièrement rénové pour y créer un lieu de rencontre autour de l'art et de la nature. Une salle d'exposition, un cabinet de curiosités, une boutique et un salon de thé... Au cœur d'un domaine à la nature sauvage et préservée. Nous tenons ce lieu en famille, passez nous voir, on vous offrira un café !

26.

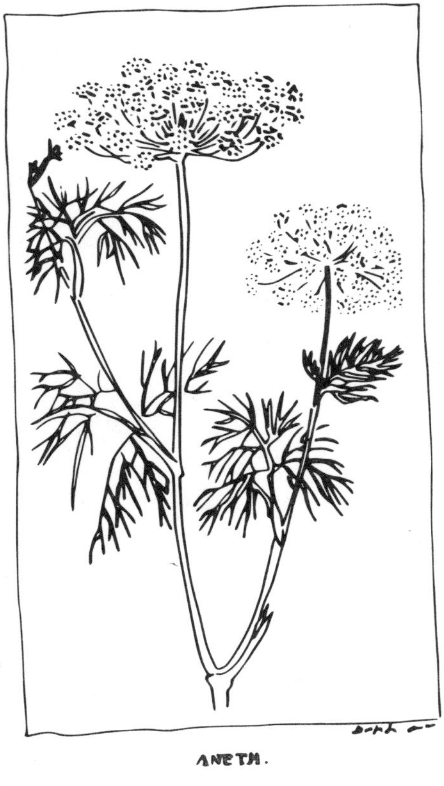

ANETH.

AGARICINÉES

PSATHYRELLA HYDROPHORA

...

Le Château de la Baume

Le Château de mon grand-père, où j'ai passé tous les étés de mon enfance ! Un écrin de raffinement en pleine nature. On l'appelait "Le Petit Versailles du Gévaudan". On peut y voir l'arme qui a blessée la célèbre "bête" et les cheveux de Napoléon ! N'Hésitez pas à saluer mon oncle et mes cousins de ma part.

PRINSUÉJOLS, 48100 LOZÈRE

Chez Bras

Le restaurant de Michel et Sébastien Bras, classé de nombreuses fois parmis les 10 meilleurs restaurants du monde ! Une cuisine gourmande, sensible et créative inspirée de leur pays Bien installés devant les Monts d'Aubrac, goûtez au célèbre gargouillou et à l'oeuf coque revisité ! Certains disent que cette experience leur a donné une idée de ce que pourrait être le paradis.

ROUTE DE LAGUIOLE, 12210 LAGUIOLE

...

Mais aussi dans l'Aubrac…

La Chaldette

station thermale

LA CHALDETTE, 48310 BRION

Les Loups du Gévaudan

PARC À LOUPS

PARC DES LOUPS DU GÉVAUDAN,
48100 SAINT-LÉGER-DE-PEYRE

Le Grenier de Capou

LA CRESTILIE,
12210 SOULAGES,
BONNEVAL

Véritable caverne d'Ali Baba et très beau cabinet de curiosités aux objets insolites.

Jeune Montagne

COOPÉRATIVE FROMAGÈRE

LA BORIE NEUVE, 12210 LAGUIOLE

Chez Remise

HÔTEL, RESTAURANT

LE BOURG, 15110 SAINT-URCIZE

AUBERGE DE LA TOURRE

LE VILLAGE,

48260 MARCHASTEL

CASCADE DU DÉROC

pour une jolie promenade

VILLAGE DE NASBINALS

Burons des 4 frères

Auberge à louer, logement insolite

BURONS DES ENGUILHENS,

12470 CONDOM-D'AUBRAC

La Colonie

- MAISON D'HÔTES -

LA COLONIE, 12470 LE VILLAGE D'AUBRAC

Mangez une

TARTE À LA MYRTILLE

chez Germaine

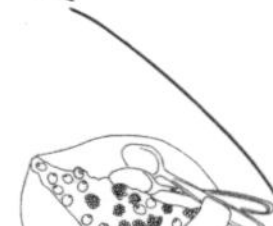

PLACE DES FÊTES,

12470 AUBRAC

Route de Saint-Jacques-de-Compostelle
guitare
CHAUSSURES de MARCHE
Duvet
GOURDE
COUTEAU
SAC à DOS
thermos
boussole
ALLUMETTES
L'Abbaye de Conques
TASSE

Musée Soulages

+ café Bras dans le musée

JARDIN DU FOIRAIL,
AVENUE VICTOR HUGO,
12000 RODEZ

Peints ce tableau à la Soulages… c'est à dire tout en noir !

Les Gorges du Tarn

Découvrez les Gorges du Tarn en canoë

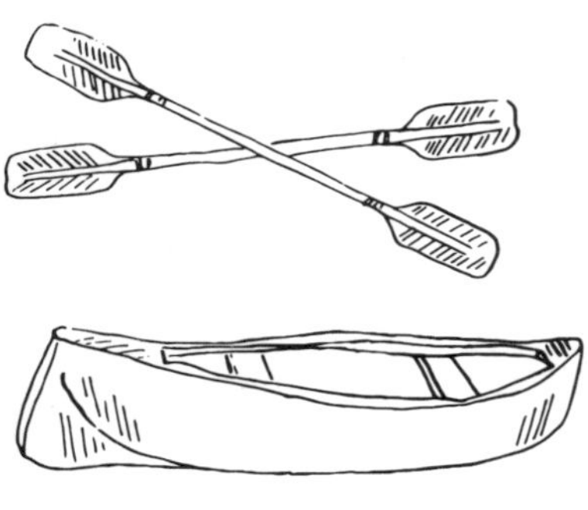

La Singulière

MAISON D'HÔTES

Une maison chaleureuse et familiale au goût exquis.

7 RUE ÉMILE ZOLA, 12150 SÉVÉRAC - D'AVEYRON

Auberge Aponem

Aponem signifie "bonheur" en langue Pataxo. Amélie Darvas et Galy Benicio ont trouvé le leur dans cette auberge d'un ancien presbytère du 17e où elles travaillent les produits de leur potager en permaculture.

1 RUE DE L'ÉGLISE,
34 320 VAILHAN

Abbaye de Valmagne

Aux portes de Montpellier, une des plus belles abbayes cisterciennes de France et un des plus anciens vignobles du Languedoc.

34560 VILLEVEYRAC

Restaurant, jardins potagers, vergers, vignoble, marché de Noël, visite nocturne en musique...

Les Terroirs

5 PLACE AUX HERBES,
30700 UZÈS

sur la place aux herbes

café,
restaurant

Pour la COUPE GLACÉE TERROIR :
glace vanille, glace miel-pignons, glace confiture de lait-fleur de sel, chantilly, caramel au beurre salé

PROMENADE À Montpellier

La Réserve Rimbaud

820 AVENUE DE SAINT-MAUR,
34000 MONTPELLIER

Nichée dans un océan de verdure, oubliez la ville pourtant si proche le temps d'un repas et profitez d'une cuisine délicieuse.

La Guinguette des Amoureux

sur le Lac de Céleste

Installez-vous confortablement sur la terrasse qui surplombe le lac et laissez la magie opérer.
Calme et quiétude à 30 min de Montpellier

1520 ROUTE DE CECELES,
34270 SAINT-MATHIEU-DE-TRÉVIERS

L'Arbre blanc

APÉRO-TAPAS

PLACE CHRISTOPHE COLOMB, 34000 MONTPELLIER

Tapas et cocktail en haut de la tour au 17e étage avec vue sur toute la région. La terrasse domine les méandres du Lez, une source de fraîcheur bienvenue en été. Réservation conseillée !

Mona Market

CONCEPT STORE DÉCO

16 RUE DESMAZES, 34000 MONTPELLIER

Marché du Lez

"ou l'art de vivre contemporain"

"Hot-spot créatif regroupant commerces, brocanteurs, marché de producteurs, restaurants, foodtrucks, startups, animations et événements, expositions..."

1348 AVENUE DE LA MER
RAYMOND DUGRAND,
34000 MONTPELLIER

La Baraquette

MAISON D'AMIS

restaurant dans le Marché du Lez

...

Mas de Lafeuillade

Au cœur d'une maison du XIXe, retrouvez l'atmosphère d'un bistrot parisien. Le mas est empli de lumière, l'accueil est attentionné, l'équipe est composée de passionnés... La campagne au milieu de Montpellier !

281 BIS RUE FRA ANGELICO,
34000 MONTPELLIER

La Panacée

MO.CO

Centre d'art contemporain, expos, conférences et spectacles dans un bâtiment superbe. Le petit café attenant est très sympa et animé.

14 RUE DE L'ÉCOLE PHARMACIE, 34000 MONTPELLIER

Étang de Thau

DOMAINE TARBOURIECH

L'Atelier & Co

Dégustez des huîtres "championnes du monde" au bord de l'étang de Thau. Pas cher, dépaysant et délicieux, une parenthèse enchantée !

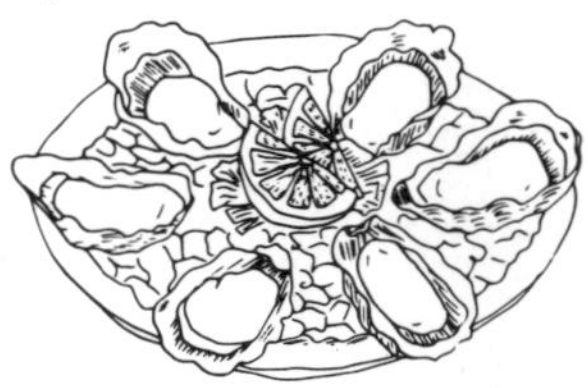

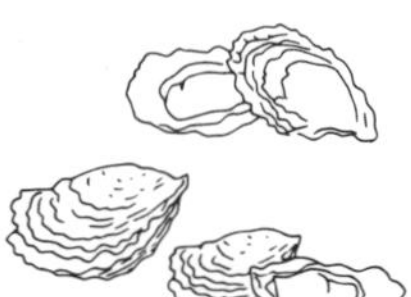

98 ZONE CONCHYLICOLE OUEST,
34140 LOUPIAN

Les Demoiselles Dupuy -restaurant-

CHEMIN DE LA
CATONNIÈRE,
34140 BOUZIGUES

Domaine de Ribaute

Un lieu rare et discret. L'exception d'un monument historique et de son authentique village médiéval devenu privé. Un lieu chargé d'histoire, de caractère et de raffinement où l'ancien et le moderne se côtoient avec harmonie.

CHATEAU DE RIBAUTE,
34290 LIEURAN-LÈS-BEZIERS

Restaurant chaleureux, cuisine bistronomique, cadre superbe - restaurant du chef Pierre Augé.

La Maison de Petit Pierre

22 AVENUE PIERRE VERDIER,
34500 BÉZIERS

Les Cévennes

Marie de Mazet

PAILHÈS,
30170 MONOBLET

-plantes précieuses-

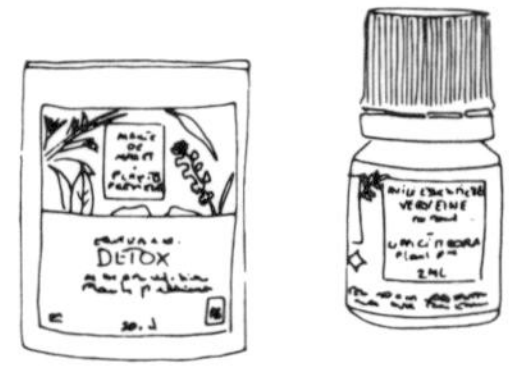

Plantes médicinales bio cultivées au ♡ des Cévennes dans les jardins de Mazet.

Les Brasseurs de la Jonte

48150 GATUZIÈRES

Une brasserie artisanale bio et lozérienne !

Camellas Lloret

-MAISON D'HÔTES-

Une chambre d'hôtes au charme fou ! Pour un séjour de rêve dans la région de Carcassonne. Le confort d'un hôtel, l'intimité d'une maison de famille.

4 RUE DE L'ANGLE,
11290 MONTRÉAL

Sylvatica

Brasserie, bière de montagne

Une brasserie de jeunes, passionnés et engagés, dans un petit village perché à 1000 m d'altitude

12 RUE GRANDE RUE,
11140 COUNOZOULS

Roquefort Gabriel Coulet

3 AVENUE DE LAURAS,
12250 ROQUEFORT-SUR-SOULZON

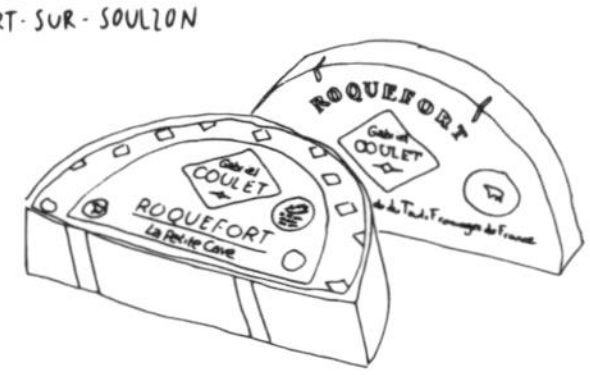

Visite et dégustation dans les caves de l'un des meilleurs fabricants de roquefort depuis 1872

DEPUIS 1872

Les Templiers

Hôtel de charme avec une superbe piscine !

23 RUE DE LA RÉPUBLIQUE,
30220 AIGUES-MORTES

Palace des Plages

336 AVENUE SAINT-MAURICE,
34250 PALAVAS-LES-FLOTS

Jardins Secrets

HÔTEL

Un écrin de verdure dans le Vieux Nîmes où tout n'est que luxe, calme et volupté. Un havre de paix et de beauté.

3 RUE GASTON MARUÉJOLS,
30000 NÎMES

Les Clos de Paulilles

et la baie de Paulilles.

Goûtez à une cuisine du terroir et à des vins gorgés de soleil entre la mer et la montagne, sur la magnifique baie de Paulilles.

PAULILLES,
66660 PORT-VENDRES

Les Fumades

16 HAMEAU D'AUZON,
30500 ALLÈGRES-LES-FUMADES

Fabrique artisanale de nougats d'exception

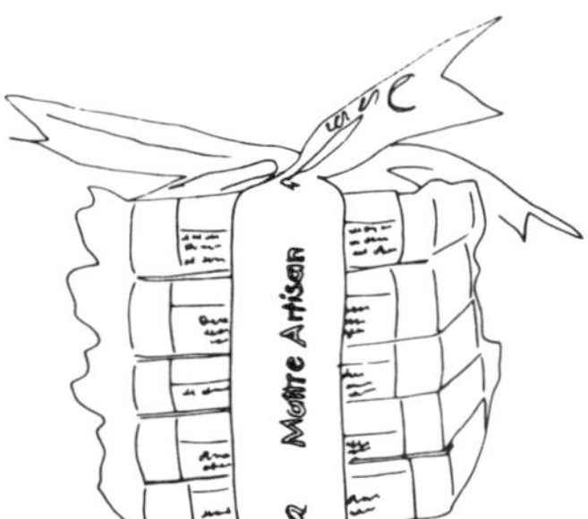

NOUGAT à la LAVANDE

Hôtel de Cacharel

ROUTE DE CACHAREL,
13460 SAINTES-MARIES-DE-LA-MER

Mas splendide, piscine gigantesque, hôtel de luxe authentique en pleine Camargue.

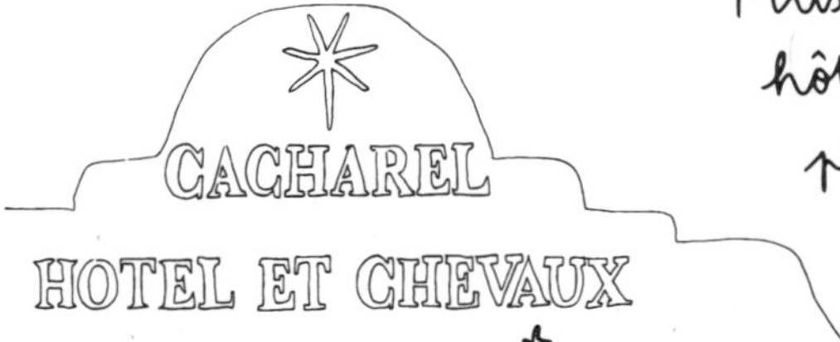

Le Mas de la Fouque

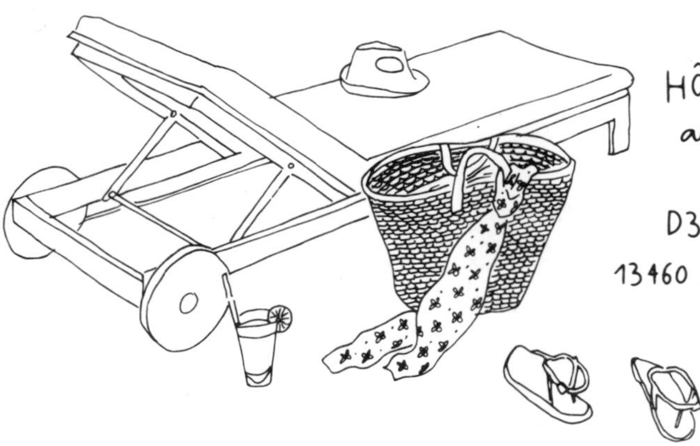

HÔTEL DE LUXE ET SPA NUXE,
accès 30€ pour les visiteurs

D38 ROUTE DU PETIT RHÔNE,
13460 SAINTES-MARIES-DE-LA-MER

Petit tour à Sète

Café Social

35 RUE VILLARET JOYEUSE,
34200 SÈTE

Le QG authentique des Sétois. Ambiance décontractée pour une délicieuse soirée.

Les Halles de Sète

RUE GAMBETTA, 34200 SÈTE

Incontournable. Prenez le temps de découvrir tous les produits et les spécialités de Sète. Dégustation d'huîtres et de coquillages sur place.

Maison Janicot

18 GRANDE RUE MARIO ROUSTAN, 34200 SÈTE

Épicerie gourmande, sélection de bons produits venus d'ici et là. Repartez avec des Zézettes de Sète, du jambon affiné ou encore des Palmiers maison. Installez-vous sur place pour grignoter des spécialités du coin.

The Marcel

- restaurant gastronomique -

Hôtel-restaurant du chef étoilé Fabien Fage dans un lieu iconique de Sète revisité avec une touche de contemporain.

5 RUE LAZARE CARNOT, 34200 SÈTE

Balade à Toulouse

La Fromagerie Xavier

Véritable institution toulousaine. À sa tête, François Bourgon, vainqueur du titre de MEILLEUR OUVRIER DE FRANCE en 2011. Le brie aux truffes est un vrai délice, tout comme le reste de la sélection de très grande qualité.

6 PLACE VICTOR HUGO,
31000 TOULOUSE

Ma biche sur le toit

Buvez un verre et dînez sur le toit des Galeries Lafayette, pour une vue imprenable sur la ville.

4-8 RUE DU LIEUTENANT COLONEL PÉLISSIER,
31000 TOULOUSE

La Fiancée

Brunch de folie !

54 RUE PEYROLIÈRES,
31000 TOULOUSE

Flower's Café

Pour une pause goûter sur la très jolie place de la Trinité.
Pâtisseries délicieuses et grand choix de tartes en tous genres.

6 PLACE ROGER SALENGRO,
31000 TOULOUSE

Prima Lova

(+ Prima Fabbrica et Prima Bonheur)

Trattorias italiennes où manger des focaccias trop bonnes, des pizzas et des pâtes à tomber dans un decor chaleureux

1 PLACE DE LA BOURSE,
31000 TOULOUSE

L'Orso Italiano

Un cadre hyper sympa et reposant, l'accueil est souriant et ensoleillé et la cuisine italienne savoureuse, le tout dans une ambiance guinguette

54 ROUTE DE LABÈGE,
31400 TOULOUSE

El Canaille

Charcutier où tu peux composer ton sandwich ou repartir avec de la charcuterie délicieuse découpée selon tes envies

39 PLACE DES CARMES,
31000 TOULOUSE

Quelques spécialités :

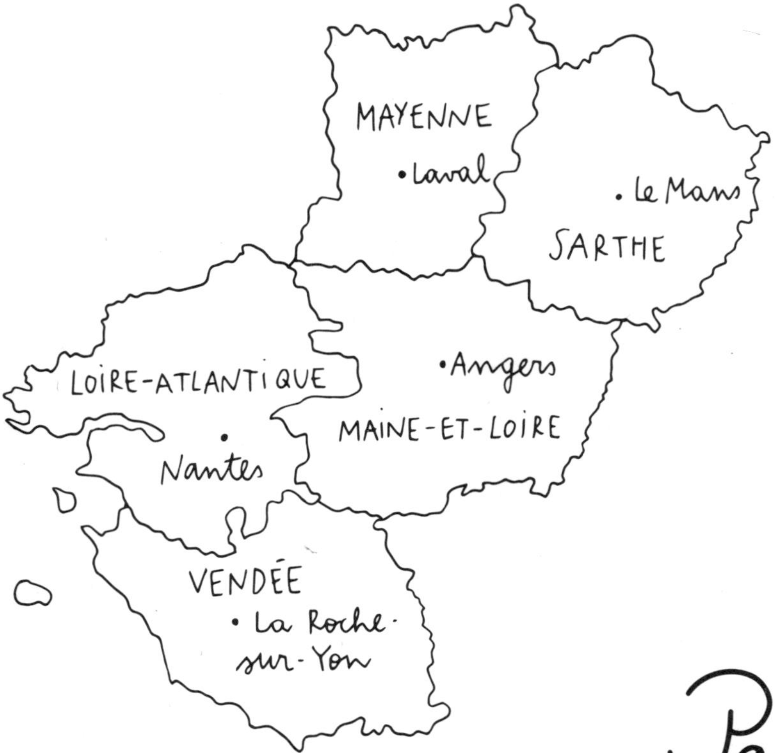

Pays de la Loire

balade à l'Île d'Yeu

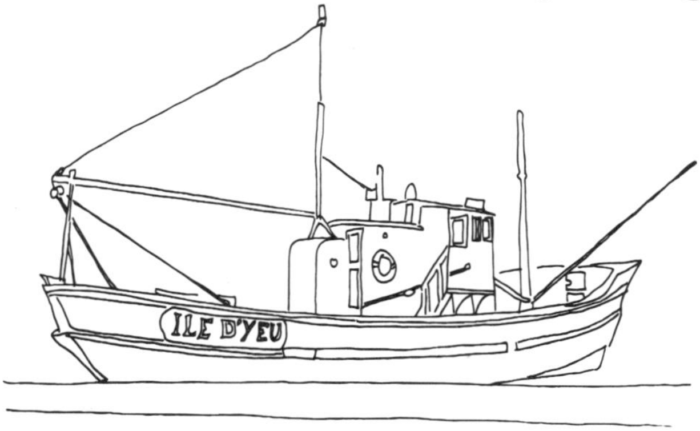

Faites le TOUR de l'île à vélo

Le Port de Joinville

La Ferme d'Émilie

Boutique,
salon de thé,
ateliers pour enfants, stage de permaculture,
soirées champêtres...
une ferme bio
et dynamique !

53-55 CHEMIN DE LAMESSE,
85350 L'ÎLE-D'YEU

Captain Bonbec

Si on voyage avec des enfants... ou pas !

PLACE DE LA NORVÈGE, 85350 L'ÎLE-D'YEU

La Dilettante

75 RUE DU GÉNÉRAL LECLERC,
85350 L'ÎLE-D'YEU

- bar à vin -

La Cabane

BAR À HUÎTRES

Louez un kayak ou un paddle et promenez-vous sur le Canal du Havre de la Gachère puis, après l'effort, dégustez des huîtres en buvant un verre de blanc sur la terrasse perchée sur l'eau.

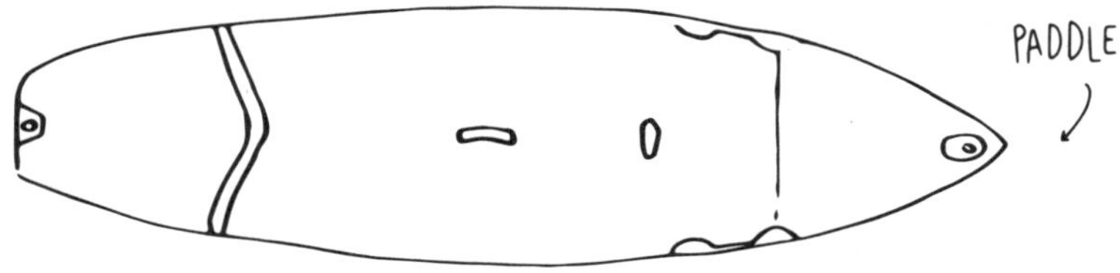

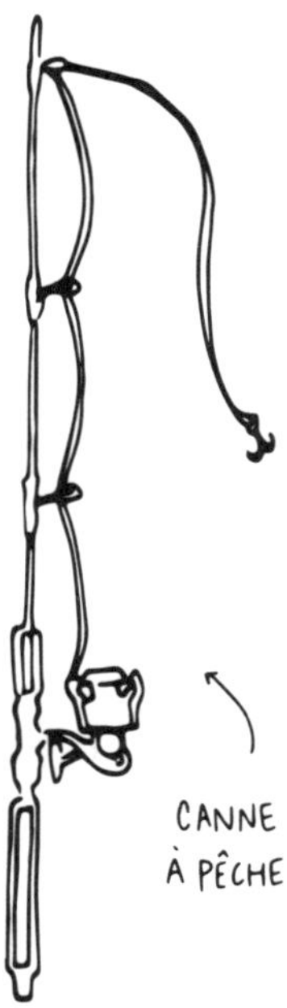

LA CHABOSSIÈRE,
CHEMIN DE LA CH'NOUE,
85470 BREM-SUR-MER

La Fontaine aux Bretons

RUE DES NOELLES, 44210 PORNIC

Un jardin remarquable, un site en bord de mer et une cuisine délicieuse

Les Pêcheries de Pornic

57 CORNICHE DE GOURMALON, 44210 PORNIC

Les Jardins de la Mer

FERME AQUACOLE

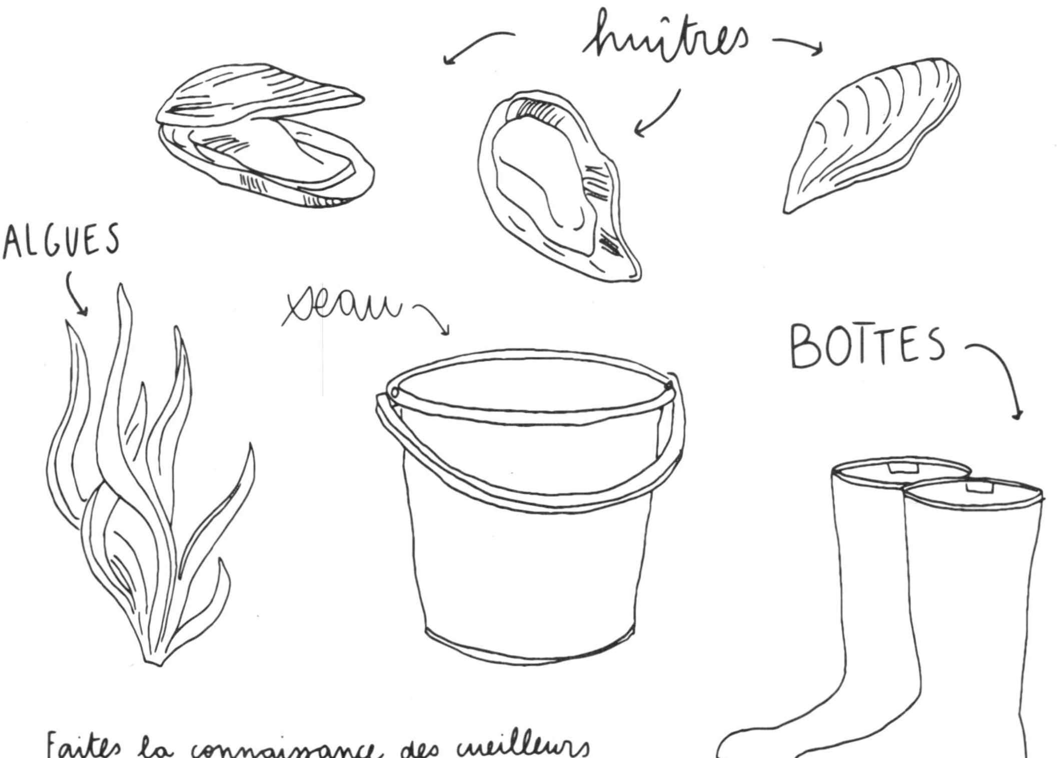

Faites la connaissance des cueilleurs d'algues alimentaires, Jean-Marie et Valérie Pédron. Ce sont les tout premiers à s'être lancés dans cette activité en Loire-Atlantique

5 RUE RAYMOND POINCARÉ, entrée des visiteurs
AVENUE DE SAINT GOUSTAN, 44490 LE CROISIC

Les Marais Poitevin

Découvrez les marais au fil de l'eau en barque ou en bateau électrique, avec ou sans guide

La Ferme d'Artaud

Hélène Reglain, semeuse de goût...
Maraîchère passionnée par les semences anciennes et les variétés potagères japonaises
Des légumes cultivés à la main et des paniers à emporter.

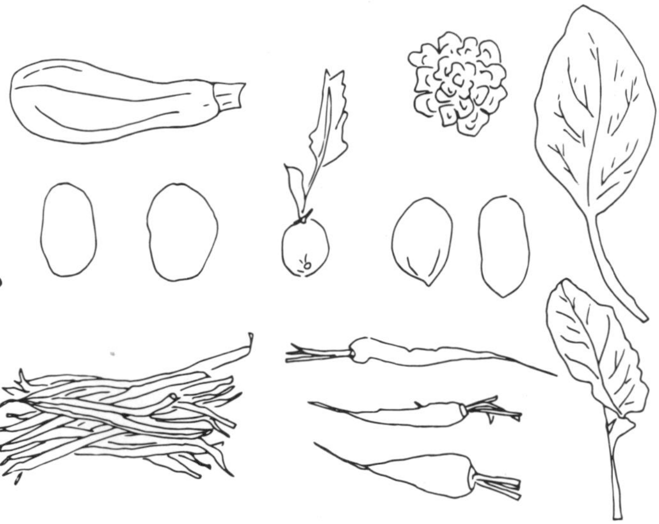

LA FERME D'ARTAUD
ARTISANS DE LA TERRE

LES VIGNES,
44370 LOIRE AUXENCE

promenade à Nantes

Café Bécot

Gâteaux gourmands sous cloches en verre à choisir sur le comptoir. Cafés torréfiés sur place et ambiance cocooning.

1 RUE DU CHEVAL BLANC,
44000 NANTES

LUNCH & GOUTER
CAFÉ BÉCOT

Mint

cantine végétale, pour des plats colorés, gourmands, savoureux et végétariens. Murs de pierres et grandes banquettes conviviales : restau idéal pour un dej avec des copines.

8 RUE DE L'HÔTEL DE VILLE,
44000 NANTES

Dessine-moi un bouquet

fleuriste

13 PLACE DE LA RÉPUBLIQUE,
44200 NANTES

Feeling good bakery

Pour manger les meilleurs COOKIES de la ville. Ils sont gourmands, croquants à l'extérieur et fondants à l'intérieur, chauds à toute heure de la journée. Un vrai bonheur !

10 RUE DES HALLES,
44000 NANTES

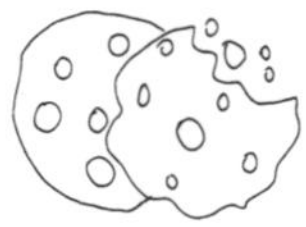

Roza

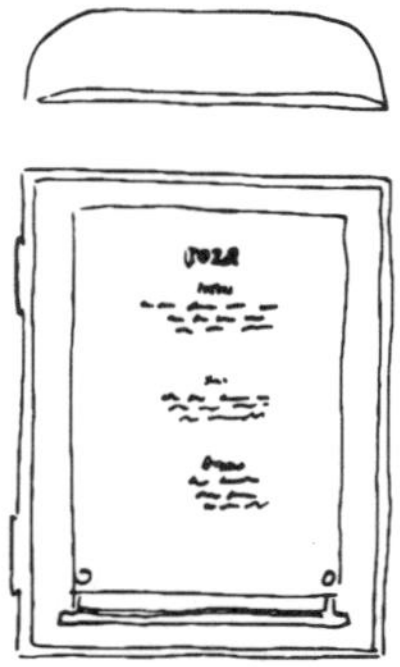

Restaurant gastro, cuisine ouverte, charpente superbe et mobilier vintage.

3 PLACE DE LA MONNAIE,
44000 NANTES

roza

Maison Grimaud

4 RUE VAUBAN, 44000 NANTES

Spécialiste du chou à la crème et super brunch !

Manoir de la Régate

155 ROUTE DE GACHET,
44300 NANTES

Restaurant gastronomique abordable et parmi les meilleures tables de Nantes. Après le diner, allez découvrir le parc de la Chantrerie, en longeant l'Edre.

...

L'Ourse

-restaurant-

Cuisine de marché délicieuse, prix carrément raisonnables !

1 RUE MONTESQUIEU, 44000 NANTES

Librairie HAB GALERIE

Large choix de livres contemporains et objets de créateurs français.

21 QUAI DES ANTILLES,
44200 NANTES

Totum bistro

11 RUE FOURE, 44000 NANTES

Pour un déjeuner végétarien aux saveurs recherchées et parfaitement équilibrées, carte des vins savamment composée et desserts délicieux, un sans faute !

Dînette

Goûter de rêve, gâteaux délicieux

12 RUE DU CHÂTEAU,
44000 NANTES

Maca Place

Vêtements et robes indiennes
Bijoux sublimes.

11 RUE DE BUDAPEST,
44000 NANTES

Glaz

CAFÉ,
RESTO

10 RUE CACAULT,
44000 NANTES

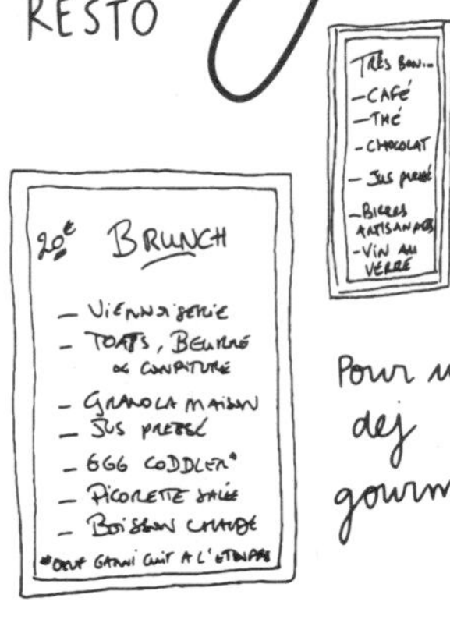

Pour un dej gourmand

• • •

Les Petits Sauvages

CONCEPT-STORE POUR ENFANTS

Boutique pour enfants à l'univers très doux. Vous reportez forcément avec quelque chose, la sélection est parfaite !

14 RUE DU CHÂTEAU, 44000 NANTES

Eniamor Souk

2 RUE DES 2 PONTS, 44000 NANTES

Boutique de déco et artisanat marocain

IZAKAYA JOYI

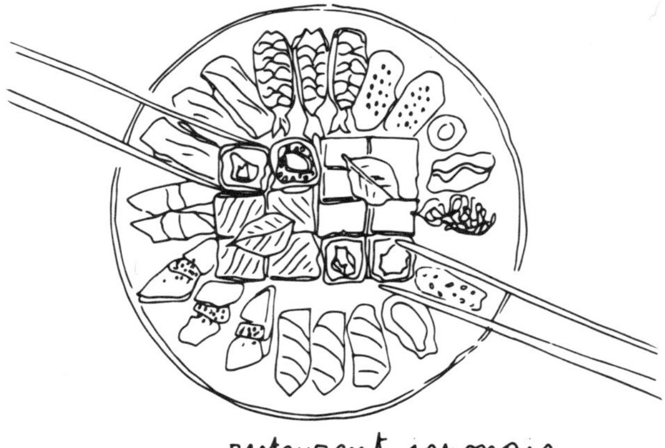

restaurant japonais

4 RUE DE COLMAR,
44000 NANTES

atelier du petit parc

Mobilier vintage, objets du quotidien et artisanat

19 ALLÉE BACO, 44000 NANTES

PICHET vintage EN GRÈS

berceau en ROTIN

vase en bois sculpté

Le Petit Marché

Magasin de vêtements pour femmes.

7 RUE SAINT-PIERRE, 44000 NANTES

chemise

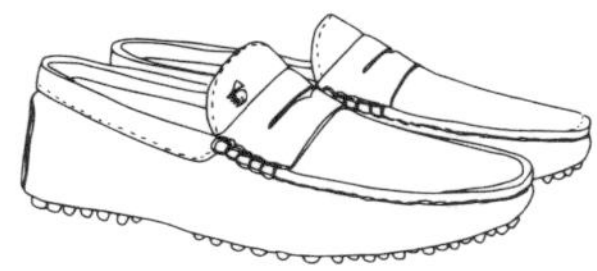

MOCASSINS

gourmette

chemise à colerette

Canopée

BRASSERIE VIVANTE

avec vue sur le ciel, des lampes comme des nuages et des banquettes en mousse, pour un déjeuner au milieu de la forêt : "Au coeur de la ville, c'est la nature qui bat, dans un lieu qui vit"

16 RUE MARCEAU, 44000 NANTES

Maison Gaspard

Lieu de vie, salon de thé, bar à vin, décoration…

26 RUE DE LA TONNELLE,
49400 SAUMUR

Le Moulin Brégéon

Chambre d'hôtes de charme, cadre incroyable et repas délicieux, produits frais, savoureux et colorés, superbe sélection de vin.

49490 NOYANT-VILLAGES

La Route du Sel

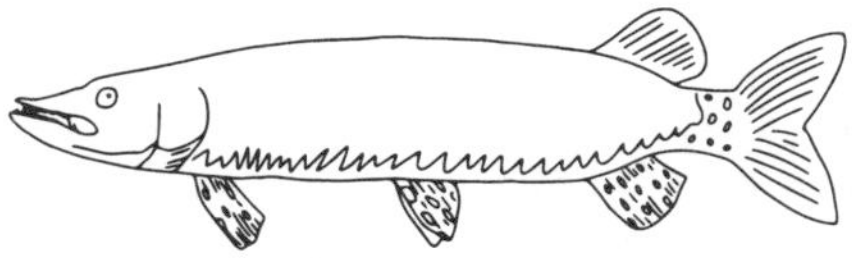

Guinguette et bar à vin en bord de Loire, vue splendide sur le fleuve, l'endroit idéal pour un déjeuner bucolique aux bons produits du terroir.

55 QUAI DES MARINIERS, 49350 GENNES-VAL-DE-LOIRE

BRUSCHETTA

OPÉRA

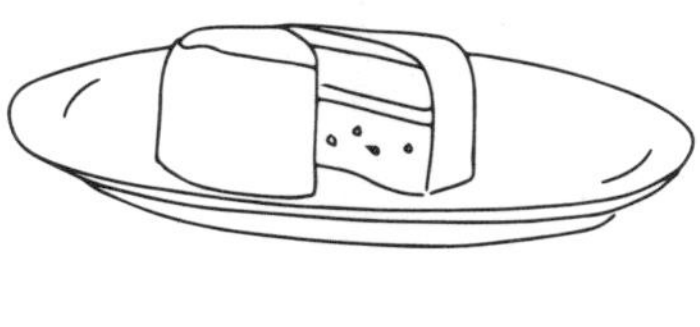

TARTE sablée aux FRAISES

Petit tour à Noirmoutier

La Marine

La table exceptionnelle d'Alexandre Couillon, plus grand chef marin actuel !

3 RUE MARIE LEMONNIER, 85330 NOIRMOUTIER

Le Fumoir

116 ROUTE DE L'HERBAUDIÈRE,
85330 NOIRMOUTIER

Gustave Café

Institution sur l'île, idéal pour boire un verre.

1 RUE DE LA GIRAUDIÈRE, 85330 NOIRMOUTIER

Les Petites Cagniotes

Biscuiterie artisanale

2 RUE MAROUETTES, 85330 NOIRMOUTIER

La Table d'Élise

5 RUE MARIE LEMONNIER,
85330 NOIRMOUTIER

Une alternative pour profiter du talent d'Alexandre Couillon. Une cuisine d'hier au goût d'aujourd'hui.

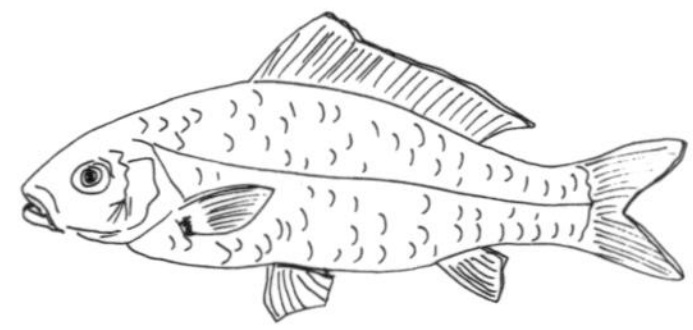

Pour boire un pot :

Le 11

bar, restaurant

11 QUAI CASSARD,
85330 NOIRMOUTIER

ou

Le Café Noir

4 QUAI CASSARD, 85330 NOIRMOUTIER

La coopérative agricole

Pour des petites pommes de terre de l'île à manger cuites à l'eau avec du sel : MIAM !

LE PETIT CHESSÉ, D96, 85330 NOIRMOUTIER

Le Bikini

bar à tapas

68 AVENUE JOSEPH PINEAU,
85330 NOIRMOUTIER

Place les mots suivants :

LAVANDE
AÏOLI
SAVON
OLIVE
FONTAINE

APERO
BOUILLABAISSE
SANTON
PÉTANQUE
RATATOUILLE

TAPENADE
ROSE
PASTIS

PROVENCE-ALPES-CÔTE D'AZUR

Abbaye de Sénanque

Sublime abbaye au
milieu des champs de lavande !

L'Oustau de Baumanière

D27, 13520 LES BAUX-DE-PROVENCE

Un cadre de rêve
pour la cuisine
merveilleuse
de Glenn Viel

3 étoiles Michelin
On déguste aux
beaux-jours
le meilleur
de l'art de vivre
méditerranéen

BAUMANIÈRE
LES BAUX DE PROVENCE

UNE Nuit EN Provence

Le Clos de Gordes

chambres d'hôtes

LES IMBERTS, 84220 GORDES

Le Clos de GORDES

CHAMBRES D'HÔTES

Maison Jalon

2575 ROUTE DE PUYRICARD,

13540 AIX-EN-PROVENCE

chambres d'hôtes

Métafort

31 MONTÉE DU VIEIL

HÔPITAL, 84570 MÉTHAMIS

La Bastide de Gordes

HÔTEL *****

RUE DE LACOMBE, 84220 GORDES

AIRELLES

GORDES

La Bastide

Un petit tour à Avignon

La Divine Comédie

HÔTEL ET SPA

Truc de dingue mais pas à la portée de toutes les bourses… !

16 IMPASSE JEAN PIERRE GRAS, 84 000 AVIGNON

Pollen

restaurant

3 BIS RUE LA PETITE CALADE,
84 000 AVIGNON

Les Halles d'Avignon

pour un shopping provençal

Le Marché aux puces de la place des Carmes.

Le Cloître Saint-Louis

idéal pour le brunch

20 RUE DU PORTAIL BOQUIER,
84 000 AVIGNON

Le Nid

concept-store, boutique, yoga, cantine

7 RUE DES TROIS FAUCONS,
84 000 AVIGNON

La Divigne

57 RUE DE LA RÉPUBLIQUE,
30400 VILLENEUVE-LÈS-AVIGNON

bar à vin, restaurant en terrasse

Le Prieuré

Restaurant étoilé dans un jardin de curé de ouf !

7 PLACE DU CHAPITRE,
30400 VILLENEUVE-LÈS-AVIGNON

AUBERGE
LA FENIÈRE
RESTAURANT - HÔTEL
ÉCOLE DE CUISINE | ÉPICERIE

Auberge La Fenière

Le week-end, La Cour de la Ferme vous accueille pour un brunch généreux. Découvrez aussi l'espace épicerie - librairie ou réservez une chambre dans l'Auberge pour découvrir les très jolies chambres.

Table à la cuisine vivante, deux menus sont proposés : voyage gustatif garanti.

VENDREDI SOIR
+ SAMEDI MIDI ET SOIR
+ DIMANCHE MIDI

1680 ROUTE DE LOURMARIN, (D943), 84 160 CADENET

La Pâtisserie Jouvaud

La Maison Jouvaud

5 AVENUE DES 4 OTAGES,
84800 L'ISLE-SUR-LA-SORGUE

la maison
JOUVAUD
des gâteaux, des bonbons, des chocolats
...et des cadeaux

J'aime tellement cet endroit, la sélection déco est raffinée. J'ai eu la chance de travailler avec eux il y a quelques années. Les tartes, le chocolat... tout est bon.

40 RUE DE L'ÉVÊCHÉ,
84200 CARPENTRAS

Francis Mallmann au Château La Coste

restaurant argentin

Venez découvrir la cuisine du célèbre chef argentin dans le décor épicurien du château La Coste

2750 ROUTE DE LA CRIDE,
13610 LE PUY SAINTE RÉPARADE

Château de l'ange – Édith Mézard

CHÂTEAU DE L'ANGE,
71 RUE DES LUMIÈRES,
84220 LUMIÈRES

linge de maison, broderie

Créatrice de linge de maison et brodeuse, l'atelier et la boutique se dévoilent dans le château. Un art de vivre à la française, où se mélangent mode et décoration.

La Maison Pernoise

167 AVENUE DE LA GARE,
84210 PERNES-LES-FONTAINES

concept-store, décoration

LA CASA PERNOISE

maison superbement décorée à louer pour 8 à 10 personnes

Le Luberon

Domaine de Fontenille

ROUTE DE ROQUEFRAICHE, 84360 LAURIS

Domaine viticole, hôtel ☆☆☆☆ et restaurant gastronomique au cœur du Luberon.

Domaine de Capelongue

LES CLAPARÈDES, CHEMIN DES CABANES,
84480 BONNIEUX

La bergerie, une auberge façon bistrot de campagne. Sous les voûtes, une grande cheminée pour un dîner au coin du feu l'hiver et une grande terrasse face au village de Bonnieux. Il faut goûter la pizza aux truffes !

LE PRIEURÉ DE MAUSSANE

-hôtel-

Petites sœurs des champs de l'Hôtel Particulier à Arles, les maisons SANTA ANNA et SAN LÉON prolongent la douceur de vivre et l'esprit de la maison-mère plus citadine. Une vraie parenthèse de luxe et de bonheur !

11 RUE DE L'ESCAMPADO
13520 MAUSSANE-LES-ALPILLES

La Pointe Noire

café - restaurant

19 PLACE DE LA COLONNE,
84800 FONTAINE-DE-VAUCLUSE

La Ferme les Callis

75 CHEMIN LES FAYARDS,
84220 GORDES

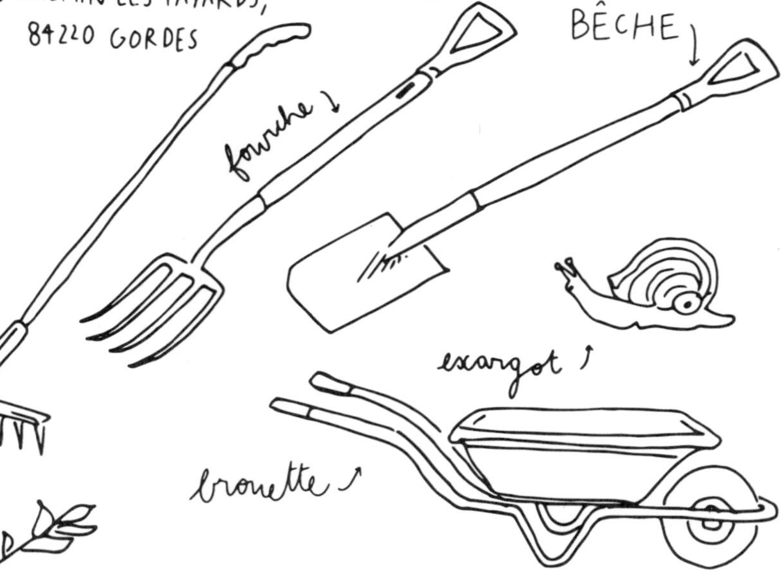

Le chemin initiatique qui mène à la découverte de l'art de vivre à la provençale. Un grand mas du 19e qui accueille une chambre d'hôtes, une oliveraie, un jardin potager, une piscine, des ateliers, bref, le bonheur !

Saint-Tropez

Tropézienne

→ Direction la pâtisserie familiale Marcel Cavazza

LILY 1959

Le Club 55

Lily of the Valley

Atelier Rondini

→ sandales en CUIR fabriquées à St Tropez

La Réserve
RAMATUELLE

Cabane Bambou

Sénéquier

Customise ton MAILLOT DE BAIN

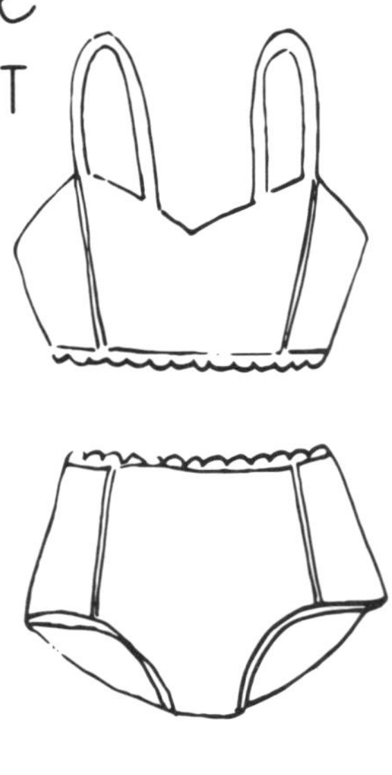

LE MARCHÉ DE LA PLACE DES LICES

BARBARAC
glacier

Loulou
RAMATUELLE

Maison Cimes

CHAMBRES D'HÔTES ET RESTAURANT

Déco parfaite, draps en lin, jolies couleurs et vue sur les montagnes d'Orres - une parenthèse hors du temps avec des hôtes charmants et une table délicieuse.

26 RUE DES VILLANDRINS, 05200 LES ORRES

Les Roches Rouges

Hôtel ***** avec vue sur mer,
déco canon et superbe restaurant.

90 BD DE LA 36e DIVISION DU TEXAS, 83530 SAINT-RAPHAËL

Porquerolles

Baignez-vous à la

Plage d'Argent

et buvez un café sur la terrasse du resto éponyme juste au dessus.

LA PLAGE D'ARGENT, CHEMIN DE LA PLAGE D'ARGENT,
83400 ÎLE DE PORQUEROLLES

Diving Giens

CAMPING INTERNATIONAL
DE LA PRESQU'ÎLE DE GIENS

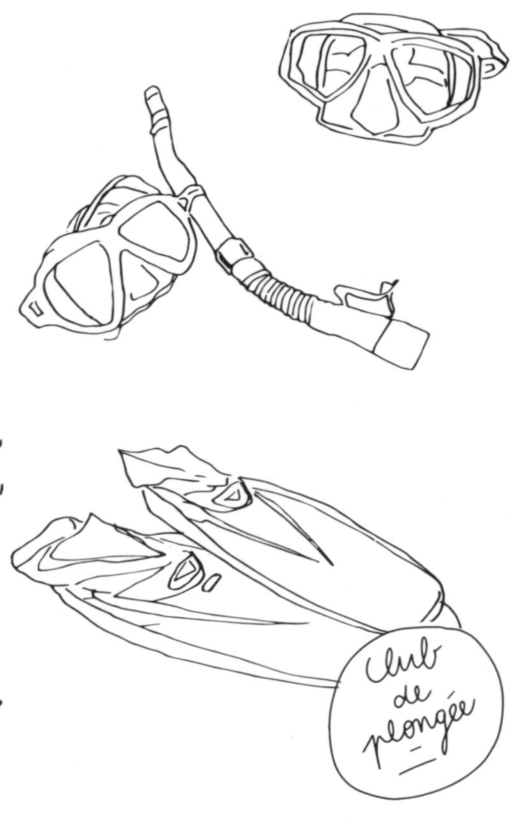

PISTE DE LA COURTADE,
ÎLE DE PORQUEROLLES,
83400 HYÈRES

Fondation Carmignac

Le Cabanon

PLAGE DU BUSE, 06190 ROQUEBRUNE
CAP-MARTIN

Restau les pieds
dans l'eau, cadre
de rêve et plats trop bons !

Le Manoir

hôtel

PARC NATIONAL DE PORT-CROS,
ROUTE DU BARRAGE, 83400 HYÈRES

Château Léoube

– producteur de vin bio –

Le Café Léoube, sur la plage du Pellerin, à l'ombre des pins, est idéal pour boire un verre de rosé bio et savourer les petits plats concoctés avec les légumes du potager du château.

2387 ROUTE DE LÉOUBE,
83230 BORMES-LES-MIMOSAS

FONDATION Maeght

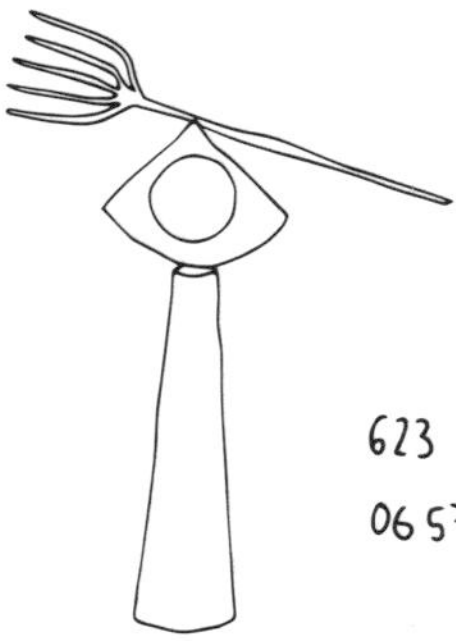

623 CHEMIN DES GARDETTES,
06570 SAINT-PAUL-DE-VENCE

Fondation d'art moderne et contemporain

auberge de la Roche

Restaurant, chambres,
3 potagers, terrasse
panoramique
le tout aménagé
et décoré
avec goût.

LA ROCHE, 06420 VALDEBLORE

Hôtel le Sud

HÔTEL, BOUTIQUE, BAR

5 RUE MARCEL PAUL,
06160 JUAN-LES-PINS

Casa Sallusti

ÉCO-LODGE, FERME

Pour des ateliers et des séjours bien-être en pleine nature

670 CHEMIN DES COLLETS, 06640 SAINT-JEANNET

Le Jardin du Musée International de la parfumerie

1220 CHEMIN DES GOURETTES,
06370 MOUANS-SARTOUX

Un voyage des sens à travers les plantes à parfum et plantes à senteur qui s'épanouissent dans le respect des savoirs-faire agricoles ancestraux

Cannes

joue la STAR
et chausse
tes plus belles
lunettes de soleil

Pizza Cresci

3 QUAI SAINT-PIERRE, 06400 CANNES

Spécialités italiennes
traditionnelles,
véritable institution
à Cannes -
sur place ou à emporter.

Mirazur

restaurant

Le restaurant triplement étoilé du chef argentin Mauro Colagreco.

30 AVENUE ARISTIDE BRIAND,
06500 MENTON

Pecora Negra

pizzeria

QUAI GORDON BENNET,
06500 MENTON

Pizzas cuites au feu de bois, la pâte est moelleuse et les pizzas à tomber. LA pizzeria de la ville !

Une virée à Nice

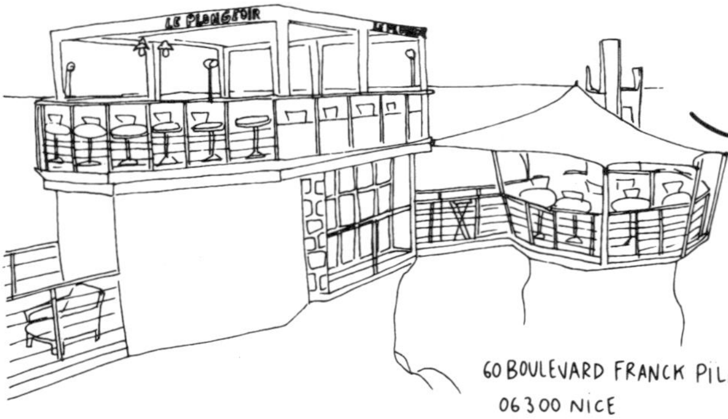

Le Plongeoir

Terrasse perchée sur un rocher au milieu de l'eau, vue à couper le souffle. Reputé pour les cocktails et la cuisine méditerranéenne.

60 BOULEVARD FRANCK PILATTE, 06300 NICE

Balade sur la Promenade des Anglais, montez au Château, comptez les marches et admirez la vue sur la BAIE des ANGES

Kiosque Tintin

Véritable institution, c'est l'Adresse à ne pas manquer pour manger les meilleurs pains bagnats de la ville à des prix très raisonnables !

3 PLACE DU GÉNÉRAL DE GAULLE, 06000 NICE

Babel Babel

2 COURS JACQUES CHIRAC, 06300 NICE

Restaurant face à la mer, menu à partager : attention choix difficile, tout fait envie !

Chez René Socca

2 RUE MIRALHETI, 06300 NICE

Partagez des assiettes de SOCCA des galettes de pois chiche grillés) et des beignets, poissons panés et autres légumes frits après une balade dans le Vieux Nice.

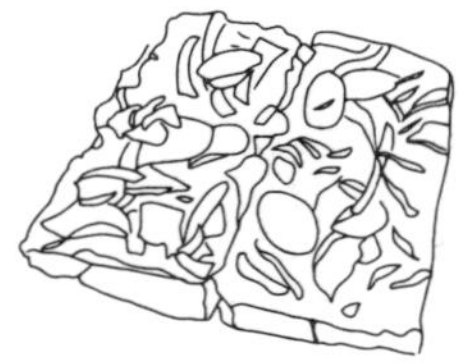

pissaladière

LÉGUMES FRITS

Socca

Mangez une TOURTE DE BLETTE sucrée

Chez Pipo

PAIN BAGNAT

et goûtez les autres spécialités niçoises.

13 RUE BAVASTRO, 06300 NICE

Hôtel Amour

3 AVENUE DES FLEURS, 06000 NICE

Piscine avec vue sur la ville, chambres rose bonbon et bleu turquoise, restaurant délicieux et rooftop dingue.
Bref, allez voir par vous-mêmes !

Bocca

3 RUE SAINT FRANÇOIS DE PAULE, 06300 NICE

burrata, tomates confites et roquette

Restaurant convivial, cadre parfait pour partager des tapas et autres petits plats entre amis. Prix abordables et réservation conseillée !

PROMENADE À Marseille

Boire un verre
sur le voilier NOCTILIO
au pied du fort Saint Jean,
au bar de la mer.

Gîte Jogging Samena

ET SA JOGGING BOUTIQUE

BD DE LA CALANQUE SAMENA,
13008 MARSEILLE

La Bonne Mère

16 RUE FORT DU SANCTUAIRE,
13006 MARSEILLE

PIZZERIA

Maison Saint Honoré

41 AVENUE DU PRADO,
13006 MARSEILLE

BOULANGERIE
bio

Hôtel Tuba

2 BD ALEXANDRE DELABRE,
13008 MARSEILLE

À VOIR :
La Calanque de Niolon et son petit port

Chez Étienne

43 RUE LORETTE,
13 002 MARSEILLE

Pizza du quartier du Panier, un vrai truc marseillais typique.

Honoré Déco

Boutique de déco du créateur du fauteuil "Honoré"

121 RUE SAINTE, 13007 MARSEILLE

...

Épicerie l'Idéal

Vous y trouverez tout ce qui est beau, bon et qui met de bonne humeur !

11 RUE D'AUBAGNE,
13001 MARSEILLE

Le Père Blaize

HERBORISTERIE

4 RUE MEOLAN ET DU PÈRE BLAIZE,
13001 MARSEILLE

MUCEM

Musée des Civilisations de l'Europe et de la Méditerranée

1 ESPLANADE J4, 13002 MARSEILLE

Sessùn Alma

Select store marseillais et cantine

127 RUE SAINTE,
13007 MARSEILLE

La Mercerie restaurant

9 COURS SAINT-LOUIS,
13001 MARSEILLE

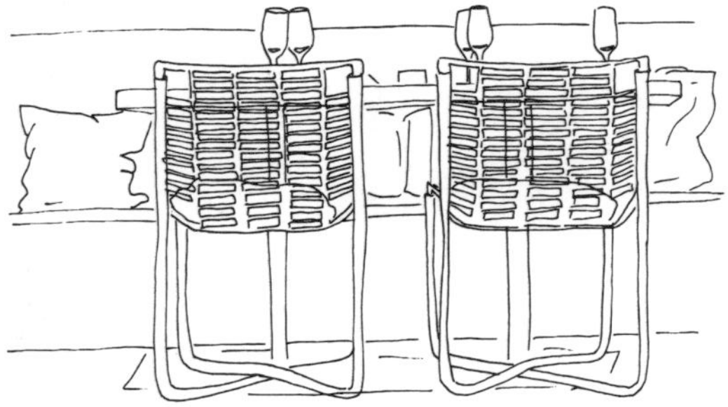

Le Jardin Montgrand

Concept store dans un ancien hôtel particulier

35 RUE MONTGRAND,
13006 MARSEILLE

...

Maison Empereur

4 RUE DES RÉCOLETTES,
13001 MARSEILLE

DROGUERIE GÉNÉRALE DEPUIS 1872

Je suis prête à faire un aller-retour de Paris dans la journée pour cette boutique qui me rappelle tant le magasin qu'avaient mes parents à Paris.

Le four des navettes

boulangerie

Depuis près de 200 ans, le Four des Navettes officie à deux pas de l'Abbaye de Saint-Victor. Le traditionnel et inimitable petit pain marseillais.

136 RUE SAINTE,
13007 MARSEILLE

Le Petit Nice

CORNICHE J.F. KENNEDY,
13007 MARSEILLE

restaurant

La Felicidade

CHAMBRE D'HÔTES
à flanc
des calanques

Marseille

...

La Passarelle

restaurant, guinguette

52 RUE PLAN FOURMIGUIER, 13007 MARSEILLE

A.M par Alexandre Mazzia

Pour un gros kiff d'anniversaire beau et bon ou pour un dîner de fête fleuri et raffiné. The place to be !

9 RUE FRANÇOIS ROCCA, 13008 MARSEILLE

Yima

27 RUE D'AUBAGNE, 13001 MARSEILLE

Qui signifie "maman" en arabe. "Une cuisine de maman orientale de partage et de réconciliation"

Pour manger sur la plage...

* **L'Île Verte**
  ÎLE VERTE EMBARCADÈRE,
  13600 LA CIOTAT

* **Restaurant Le Mugel**
  CALANQUE DU GRAND
  MUGEL, 13600 LA CIOTAT

* **R.i.f.**
  CALANQUE DE FIGUEROLLES,
  13600 LA CIOTAT

Maison Acacia

CHAMBRE D'HÔTES,
LA CIOTAT

Dans le centre de La Ciotat, une jolie maison de ville du 18e rénovée avec goût par un couple passionné de déco. À louer entièrement pour des vacances en famille ou entre amis.

Balade à Aix-en-Provence

Hôtel de Caumont CENTRE D'ART

Visiter et boire un verre dans le Jardin de l'hôtel

3 RUE JOSEPH CABASSOL, 13100 AIX-EN-PROVENCE

La Petite Ferme

RESTAURANT

7 AVENUE VICTOR HUGO,
13100 AIX-EN-PROVENCE

Les 2G

brasserie

53 COURS MIRABEAU,
13100 AIX-EN-PROVENCE

Maison Béchard

- calissons -

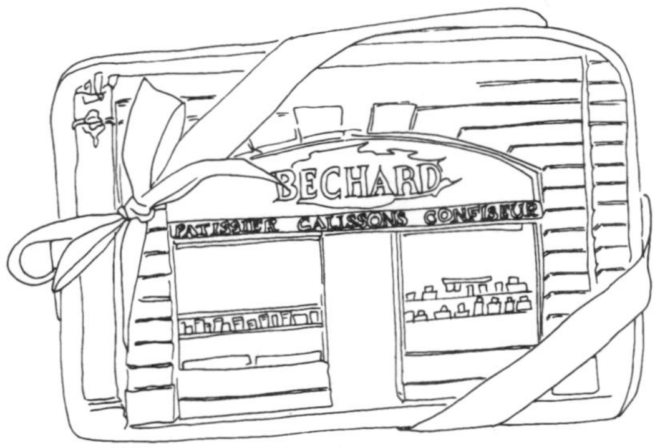

12 COURS MIRABEAU, 13100 AIX-EN-PROVENCE

Léonard Parli

- CONFISERIES -

Les deux grandes maisons des célèbres calissons.

35 AVENUE VICTOR HUGO,
13100 AIX-EN-PROVENCE

...

Les Vieilles Canailles

BISTROT

7 RUE ISOLETTE, 13100 AIX-EN-PROVENCE

Atelier des Lauves de Paul Cézanne et la Bastide du Bas de Jouffan

Sur les pas du grand peintre, plongez-vous dans l'univers de Cézanne.

9 AVENUE PAUL CÉZANNE, 13100 AIX-EN-PROVENCE

Balade à Arles

Hôtel Le Cloître

L'Épicerie du Cloître

Sardines

caviar

BAR à TAPAS branché et exquis au sein de L'Hôtel Le Cloître, décoré par India Mahdavi. Déjeunez à l'ombre des arbres dans une charmante cour ou emportez votre repas à manger sur le pouce.

CONFITURE

SARDINES à l'huile

Confiture

Tartinade de potimaron

HUILE D'OLIVE

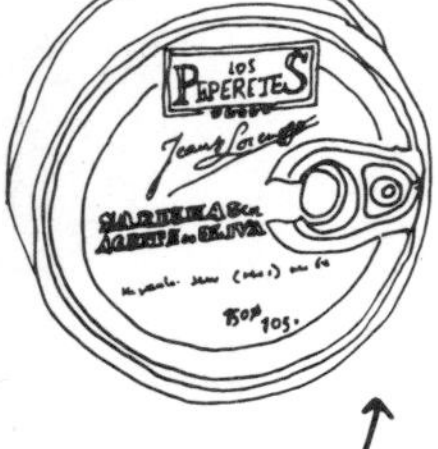

THON

6 RUE DU PALAIS, 13200 ARLES

le Samedi matin, faites un tour au marché, COLORÉ, JOYEUX ET REMPLI DE PRODUITS LOCAUX !

BOULEVARD DES LICES, 13200 ARLES

...

La Chassagnette

MAS DE LA CHASSAGNETTE,
CHEMIN DU SAMBUC, 13200 ARLES

Cuisine délicieuse du chef Armand Arnal - tous les produits cuisinés sont cultivés sur place, dans le jardin potager du Mas. Ambiance chaleureuse, grandes tablées et possibilité de visiter le jardin.

Bisous

Boutique de déco, sélection décalée et originale, pièces design et babioles

33 RUE DE LA RÉPUBLIQUE, 13200 ARLES

Le chardon

- restaurant -

37 RUE DES ARÈNES, 13200 ARLES

Le Réfectoire

restaurant, brunch

PARC DES ATELIERS,
33 AVENUE VICTOR HUGO,
13200 ARLES

L'Hôtel Particulier

*****

4 RUE DE LA MONNAIE, 13200 ARLES

Les Animaux et Marino

2641 CHEMIN DES COSTIÈRES,
13670 SAINT-ANDIOL

FERME PÉDAGOGIQUE

Marie-Noëlle possède un véritable don qui lui permet de tisser une relation spéciale avec tous les animaux qu'elle sauve. Une expérience inoubliable qui ranime le cœur et vous laisse des souvenirs impérissables. À vous de tenter l'expérience !

Bistrot Les Pieds dans l'Eau.

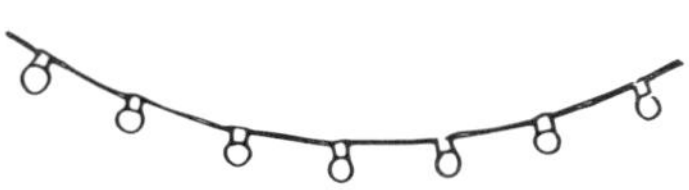

22 BD VICTOR HUGO,
13210 SAINT-RÉMY-DE-PROVENCE

Ciergerie des Prémontrés

20 RUE DES CHARPENTIERS,
13150 TARASCON

Atelier et manufacture à l'ancienne qui fabrique de très jolies bougies objets de décoration comme on aime, parfaits pour un cabinet de curiosités.

Edù

restaurant

17 AVENUE ALBERT SCHWEITZER,
13210 SAINT-RÉMY-DE-PROVENCE

Chapeau de Paille

bistrot
provençal

29 BOULEVARD MIRABEAU, 13210 SAINT-RÉMY-DE-PROVENCE

- REMERCIEMENTS -

Benjamin Dewé

Mon mari et associé, qui m'accompagne dans toutes mes folies !

Anna de Surmont

Qui a commencé comme stagiaire et sans qui ce projet n'aurait jamais pu voir le jour !!!

Théodora Méneur

Ma sœur d'amour avec qui je travaille depuis longtemps, et on en a fait des dessins !

Prudence Dudan

Ma cousine et si talentueuse graphiste !

Céleste Dudan

Ma cousine chérie, une magicienne aux doigts de fée !

Blandine de Surmont

Dans la famille de Surmont que j'adore, je demande la maman d'Anna ! Elle est très gentiment venue en renfort pour nous aider à terminer cette petite bible d'adresses qui n'en finissait pas !

NOTES

Direction : Catherine Saunier-Talec
Responsable éditoriale : Lisa Grall
Fabrication : Amélie Lastch
Partenariats : Dana Lichiardopol (dlichiardopol@hachette-livre.fr)
Responsable de la communication : Johanna Rodrigue (jrodrigue@hachette-livre.fr)

Dépôt légal : Mai 2021
29-2702-7
ISBN : 978-2-01-945861-4
Imprimé en Chine par TLP